L 27 n
20333
A

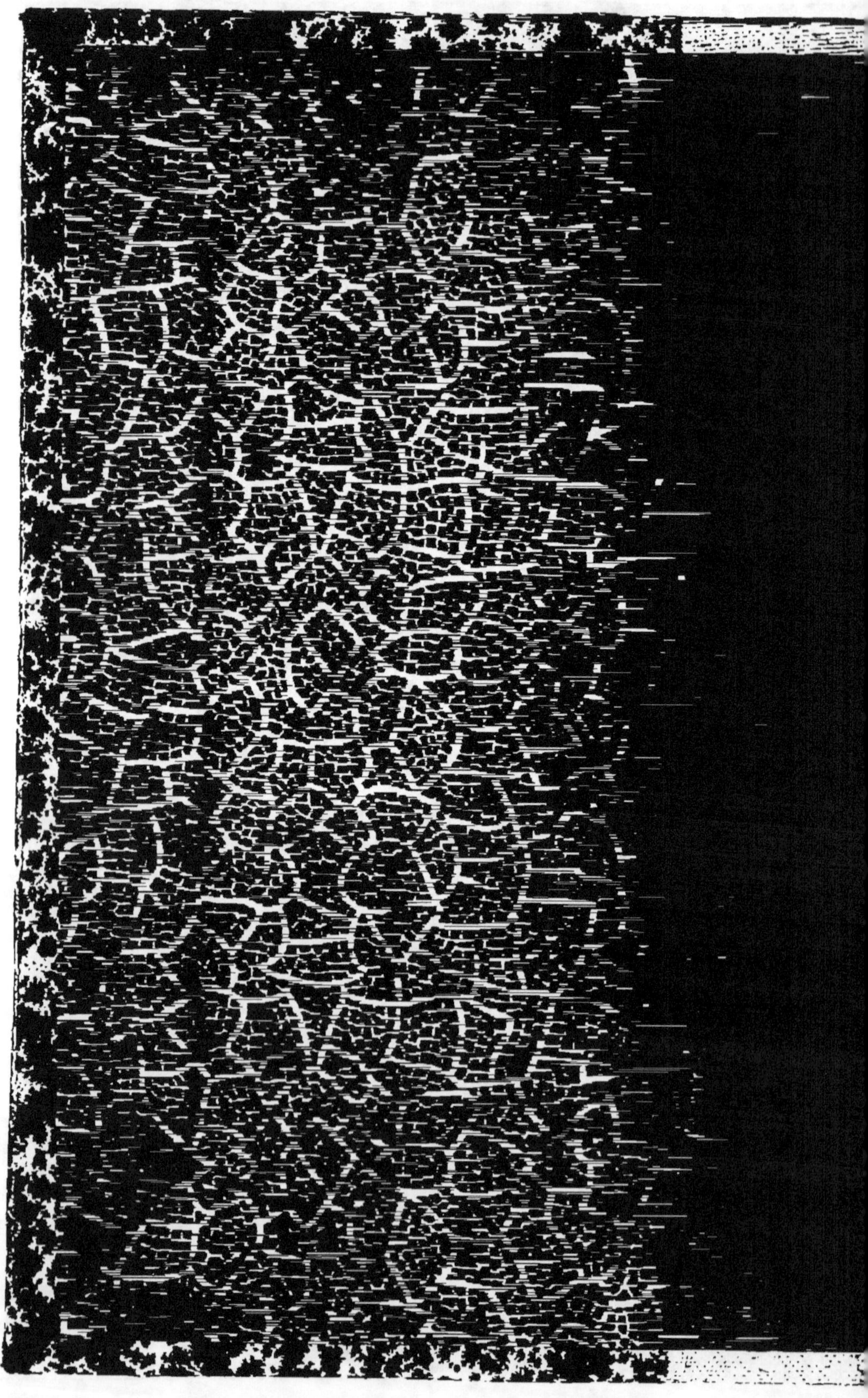

LE CURÉ D'ARS

ET

SAINTE PHILOMÈNE

PAR

MAXIME DE MONTROND

Chevalier de l'ordre de Saint-Grégoire le Grand.

Mirabilis Deus in sanctis suis.
(Psal. LXVII.)

SECONDE ÉDITION, REVUE ET CORRIGÉE

NOUVELLE MAISON PERISSE FRÈRES DE PARIS

LIBRAIRIE CATHOLIQUE ET CLASSIQUE

Ve REGIS RUFFET ET Ce, SUCCESSEURS

PARIS   LILLE
38, rue Saint-Sulpice.   Place Richebé, 2

TOURNAI, rue du Bourdon-St-Jacques, 8.

LE CURÉ D'ARS

ET

SAINTE PHILOMÈNE

VIE

TRÈS-COMPLÈTE

DE SAINTE PHILOMÈNE

VIERGE ET MARTYRE

PROTECTRICE DU ROSAIRE VIVANT

Suivie

DU GUIDE DU PÈLERIN

DANS LES SANCTUAIRES ÉRIGÉS EN SON HONNEUR

1 beau vol. in-12. — Prix : 2 fr.

LE
CURÉ D'ARS

ET
SAINTE PHILOMÈNE

PAR

MAXIME DE MONTROND

Chevalier de l'ordre de Saint Grégoire le Grand.

Mirabilis Deus in sanctis suis.
(Psal. LXVII.)

SECONDE ÉDITION, REVUE ET CORRIGÉE

NOUVELLE MAISON PERISSE FRÈRES DE PARIS

LIBRAIRIE CATHOLIQUE ET CLASSIQUE

Vᵉ RÉGIS RUFFET ET Cᵉ, SUCCESSEURS

PARIS | LILLE
38, rue Saint-Sulpice. | Place Richebé, 2

TOURNAI, rue du Bourdon-St-Jacques, 8.

DÉCLARATION

Humblement soumis en tout aux décrets du Siége apostolique, nous déclarons que si, dans le cours de cet ouvrage, il nous arrive de donner au curé d'Ars le titre de *Saint* ou de *Bienheureux*, c'est comme témoignage de l'éclat de ses vertus et de la vénération qu'il inspire, mais nullement dans la pensée de prévenir les décisions de la sainte Église, notre Mère.

INTRODUCTION

I

Heureux l'homme qui, durant son pèlerinage ici-bas, a su vivre dans un commerce intime et familier avec les saints du ciel !

On se plaint souvent que la vie sur la terre, pour beaucoup d'âmes du moins, est triste, décolorée, désolée. C'est une *vallée de larmes*, dit-on amèrement ; parfois même on en vient jusqu'à reprocher au divin

Créateur d'avoir jeté l'homme, sans son aveu, sur une terre ingrate où, du berceau à la tombe, il aura presque toujours à souffrir. Ces plaintes sont souverainement injustes. Ah! oui, sans doute, la vie est souvent *triste*, pénible. Et comment n'en serait-il pas ainsi, puisqu'elle s'écoule sur une terre d'exil, d'épreuve, de passage?... Mais *décolorée, désolée !...* oh! non, elle ne l'est point. Il tombe toujours sur elle quelques rayons du ciel, et quand on leur donne entrée dans son âme, ils la réchauffent, l'éclairent et la fortifient. Qui dit *désolé (desolatus)*, dit *seul, sans consolation.* Or, peut-il y avoir un être *seul, isolé,* sur une terre où, alors même qu'il n'a point d'amis ici-bas, l'homme voit au-dessus de sa tête d'innombrables légions célestes qui lui tendent la main et lui offrent un bienveillant secours?

Bossuet a dit quelque part : *Il y a un peuple invisible qui nous est uni par la charité.*

Quel est ce *peuple invisible* dont parle le grand évêque de Meaux? C'est l'immense société d'amis, de frères, qu'à défaut de nos yeux corporels, la foi nous fait contempler au divin séjour, écoutant nos prières, recueillant nos vœux, nos soupirs, et les présentant au Tout-Puissant, près duquel ils sont nos ambassadeurs, nos aides, notre appui.... C'est d'abord notre ange gardien, chevalier d'honneur placé plus près de nous, spécialement chargé de nous conduire et le jour et la nuit, et qui jamais ne nous délaissera le premier... C'est ensuite notre saint patron et tout ce peuple de saints patrons et protecteurs de nos familles, de notre état, de notre village, de notre cité... Ce sont tous les saints et saintes qu'il nous plaît d'invoquer, selon nos préférences et nos besoins. C'est toute la cour céleste avec ses myriades d'anges et d'archanges,.... Au dessus de tous enfin, c'est la Reine des saints, l'auguste et aimable Souveraine des cieux... Mais ici nous avons plus qu'une *amie*, une protectrice, une patronne : tous ces mots disent trop peu... Marie, pour chacun de nous, est encore *une Mère !*

Tel est ce *peuple invisible qui nous est uni par la charité.* Mais voyez l'admirable spectacle qu'offre cette multitude presque infinie de saints dans la diversité de leurs vertus ! Tous ne se sont pas signalés par les mêmes travaux. Chacun a son caractère, et l'on pourrait ajouter sa physionomie propre. « La grâce, infinie dans ses opérations, dit un prince de l'Église, a produit cette aimable et brillante variété qui réjouit l'Église et contribue au bonheur de la société. Parmi ces plantes, ornement du jardin de l'Époux céleste, les unes, timides et solitaires, ont aimé les déserts et les montagnes, comme plus voisines des influences du ciel ; d'autres ont fleuri dans les vallées du monde, dont elles ont purifié l'air par la douceur de leurs parfums. Chaque âge, chaque condition, chaque vertu a eu ses héros et même ses héroïnes... Merveilleuse fécondité de la grâce, qui sait prendre toutes les formes, se plier à la diversité des esprits, des âges, des états, des caractères, sans rien perdre de sa vertu! Admirable religion qui, dans les saints qu'elle a placés sur ses autels, nous présente une société tout entière, la mieux ordonnée et la plus heureuse que l'esprit humain puisse concevoir [1]! »

Chacun de nous, dans quelque condition qu'il se trouve, peut donc contempler, au milieu de la société des saints, des modèles dans des hommes ayant vécu de la même vie, exposés aux mêmes épreuves, aux mêmes périls, et dès lors mieux disposés encore à secourir, à protéger ceux qui les invoquent sous le titre particulier d'un frère,

1. Le cardinal Giraud : Sermon sur les *Saints*, prêché à la cour, en 1827.

d'un ancien compagnon. Et quel est celui qui n'a pas senti, au moins une fois dans sa vie, l'impérieux besoin d'un ami céleste? A mesure que notre course rapide sur le fleuve du temps s'éloigne de sa source, quel est celui d'entre nous qui, en voyant tomber autour de lui et disparaître par degrés, parents, amis, bienfaiteurs, soutiens, tous ceux qu'il a le plus connus, le plus aimés, n'éprouve pas dans sa solitude un besoin intime de combler le vide qui s'est fait? Et alors même que la bonté divine nous a laissé des amis, des proches ici-bas, combien trop souvent ne sont-ils pas éloignés, fragiles ou impuissants! Préoccupés de mille autres soins, absorbés par leurs propres affaires, trop souvent ils voient leur bonne volonté enchaînée; et alors même qu'ils ne sont point oublieux, ils restent inactifs à notre égard. Où est l'heureux mortel qui, implorant le service d'un ami, n'a pas ouï, une fois au moins, cette triste réponse : Je suis désolé de vous refuser... mais je n'ai ni le temps ni la possibilité.

Où trouverons-nous donc dans nos mauvais jours, plus nombreux, hélas ! que nos bons, des amis sûrs, des confidents de nos pensées, de nos actes, toujours près de nous, disposés à nous accueillir, à nous entendre, à nous prêter une main secourable ? Ah ! c'est au-dessus de nous surtout qu'il faut les aller chercher. Portons nos regards en haut. *Tranquilles désormais sur leur propre salut, mais tendrement inquiets sur le nôtre*, les saints élèvent en notre faveur une voix suppliante, et nous savons que leurs prières sont entendues. Heureux donc celui qui, entr'ouvrant les portes du divin séjour, élance souvent sa pensée et son cœur au milieu de ces légions d'amis célestes, dont les mains sont tendues vers nous et dont la voix nous crie : « Viens à moi, je suis ton frère ; je saurai t'aimer et te secourir ! »

II

Grâce à Dieu, nous semblons mieux apprécier et mieux goûter aujourd'hui le dogme consolant de la *communion des saints*. Un réveil de la foi s'opère sur ce point et nous présage un avenir plus serein. Sans parler du *culte de Marie*, qui a repris son empire et resplendit d'un éclat tout nouveau, il est juste de reconnaître que le culte de nos saints patrons, négligé trop souvent jusqu'ici, recouvre par degrés son antique puissance. La France, au milieu de ses gloires et de ses préoccupations matérielles, offre cependant aux yeux attentifs un spectacle qui réjouit et console l'âme chrétienne. Voyez comme presque de tous côtés elle restaure ou reconstruit les pieux monuments élevés par nos pères à ces

illustres saints ou saintes dont les travaux et les œuvres font une grande part de
notre gloire nationale. Tandis que la Pro-
vence voit refleurir dans ses *saints lieux*
le culte de son antique patronne, Made-
leine, l'illustre pénitente, le grand saint
Martin, l'apôtre des Gaules, voit du ciel
sa vieille basilique se relever de ses ruines, et la France entière s'associer par
ses dons à une œuvre de reconnaissance
filiale. Tandis que l'antique pèlerinage de
saint Cloud, le petit-fils de Clotilde, refleu-
rit sur les bords de la Seine, Vincent de
Paul vient de recevoir un nouvel hommage,
cher à son cœur, dans la consécration
d'une église et d'un hôpital sur le sol
même du pays des Landes où la Providence
a placé son berceau. Tandis, enfin, que sur
la montagne de la Louvesc, le pèlerinage
au tombeau de saint Régis brille d'un vif
éclat, et que la ville de Bourg-l'Argental
élève une statue au pieux missionnaire

apôtre du Velay, nous voyons, à une autre extrémité de la France, le bourg d'*Amettes* ériger un sanctuaire à son nouveau patron, le bienheureux Benoît-Joseph Labre, *le paladin de la pauvreté...*

N'est-il pas consolant, au milieu de tant d'autres spectacles qui affligent nos regards en nos tristes jours, ce tableau des âmes fidèles se rattachant ainsi plus fortement au dogme chrétien de la *communion des saints?* On se rassure contre les tempêtes qui nous menacent, en revoyant sous notre ciel nébuleux, plus invoqués, mieux aimés, ces astres amis dont le secours, à l'heure des périls, a toujours été si puissant. Nous revenons ainsi, par une sorte de nécessité, vers les meilleures coutumes de ces siècles passés, inférieurs au nôtre sans doute sous d'autres rapports, mais où la foi, plus simple, plus forte, plus confiante, agissait avec plus d'empire sur l'état de l'homme et de la société. En ces temps de nos pères, trop dédaignés par quelques-uns, le patronage des saints était en effet une croyance chère à tous, qui faisait ressentir partout sa bénigne influence. Grâce à Dieu, ces temps semblent revenir. Le chrétien ami de son pays s'en réjouit comme d'un heureux signe qui présage des jours meilleurs.

III

En songeant à cet état des esprits, notre pensée s'est reportée vers le vénérable curé d'Ars, ce grand ami des saints, dont nous connaissons maintenant l'admirable histoire. Loin de nous l'idée d'en retracer même un simple abrégé... Tout le monde a lu ou lira l'ouvrage si remarquable de M. l'abbé Monnin, son sympatique biographe. Les éditions successives et multipliées de ce livre ont prouvé combien notre siècle est sensible encore au goût du bien et du vrai beau. Nous ne venons donc point esquisser une nouvelle vie du curé d'Ars; nous avons voulu seulement cueillir une petite fleur dans le parterre des vertus que cultivait naguère cet illustre serviteur de Dieu, et, nous attachant à elle, édifier quelques âmes par la vue de ses salutaires et belles harmonies. Mieux qu'aucun autre peut-être, en nos jours si terrestres, le curé d'Ars a su vivre dans un commerce intime et familier avec les saints; c'était là un des caractères distinctifs, essentiels, de cette existence merveilleuse. C'était là aussi, certainement, l'un des principaux secrets du calme, de la douceur et de la sérénité de son âme, au milieu même des rudes épreuves par lesquelles il a plu à la divine Providence de la faire passer. Cet homme apostolique, dont la vie presque entière s'est écoulée à entendre les confidences des pécheurs, habitait la terre, sans doute, mais son âme, franchissant les espaces, habitait plus souvent ces hautes régions où sa foi lui faisait découvrir les amis et les frères dont il s'efforcait d'imiter les vertus. Le curé d'Ars suivait littéralement le conseil de l'Apôtre : *Que votre conversation soit dans le ciel !* Il conversait avec les esprits bienheureux, et heureux lui-même de ces entretiens ineffables, il en rapportait les lumières, les secours et les grâces qui de son cœur jaillissaient avec abondance dans l'âme des nombreux pèlerins.

Une autre pensée nous anime encore dans ce travail. On s'occupe beaucoup, aujourd'hui, de rechercher quels peuvent être les rapports et les relations intimes *entre les morts et les vivants.* La question du spiritisme est à l'ordre du jour. On a déjà écrit de gros volumes à ce sujet, et d'autres sans doute se préparent. Quel bien ou quel mal doit-il sortir de ces discussions métaphysiques ? Nous l'ignorons ; mais pour le chrétien humble et fidèle, qui cherche avant tout à partager, au ciel, le bonheur et la gloire des saints, le meilleur spiritisme n'est-il pas de se mettre, dès cette vie, le plus intimement possible en communication avec ces mêmes saints? Il connaît leur histoire; il connaît aussi par sa foi leur bonté, leur puissance, Or, la prière, l'invocation, l'imitation des vertus d'un saint, d'une sainte, ne sont-ce pas là les vrais et les plus sûrs *médiums* de l'humble chrétien, plus sage dans sa simplicité que beaucoup des plus forts penseurs de nos jours?

Eh bien! ici encore le curé d'Ars se présente à nous comme un admirable modèle que nous pouvons suivre de loin, s'il n'est pas donné à tous de s'en approcher tout à fait. En portant ses regards vers les cieux, il y a découvert une brillante fleur, embaumée du parfum des plus suaves vertus, et tout empourprée du sang des martyrs; c'est celle-là qu'il s'est plu à choisir pour compagne de ses pensées et de ses travaux dans sa carrière apostolique. On sait quel fut l'heureux fruit de ce saint commerce. L'habile historien de M. Vianney, au milieu des récits d'une vie remplie de détails divers dans son apparente uniformité, nous a montré ces deux gloires grandissant l'une à côté de l'autre, ou plutôt, comme il le dit lui-même, il a montré son saint ami voulant toujours cacher sa gloire derrière celle de sainte Philomène. Il nous a semblé cependant qu'on pouvait revenir sur ce doux sujet, en l'envisageant sous une forme plus spéciale, et qu'il y avait là l'objet d'une charmante *étude* hagiologique pleine d'intérêt et d'utilité...

Nous revendiquons donc l'honneur d'y consacrer quelques pages sous ce titre : *Le Curé d'Ars et Sainte Philomène*... Empreintes de foi, de simplicité et d'une grande douceur de langage, puissent ces pages refléter ainsi les touchants souvenirs

de l'illustre martyre, et populariser sa mémoire avec celle du vénérable prêtre, son
dévot serviteur, que la voix de l'Église,
nous l'espérons, associera bientôt à son
triomphe!

CHAPITRE PREMIER

Le curé d'Ars en commerce avec les Saints

Représentons-nous le curé d'Ars confiné
ur ce petit coin de terre où la Providence
a placé, dans sa miséricorde, pour le salut
e plusieurs... Le voilà dans un pauvre
illage, presque seul en face d'une tâche
mmense, qui effraye sa faiblesse, et devant
quelle il reculerait d'effroi s'il n'entre-
oyait un céleste secours. Ce n'est plus
eulement une petite paroisse de quelques
entaines d'habitants qu'il est chargé de
ouverner; il est devenu, par le renom de sa

2

sainteté et de sa science dans l'art de consoler et de convertir les âmes, la providence visible de tous les malheureux et de tous les pécheurs. De toutes parts on vient chercher auprès de lui lumière, appui et conseil : le pèlerinage d'Ars est à son apogée... C'est à cette époque surtout que nous prenons le saint curé, pour étudier les pensées de son âme et les moyens surnaturels qu'il met en œuvre afin d'accomplir dignement sa bienfaisante mission...

Après le Sauveur Jésus, père de tous les hommes, après le cœur de Marie, dont il disait : « Le cœur de Marie est si tendre « pour nous, que ceux de toutes les mères « réunis ne sont qu'un morceau de glace « auprès du sien, » le curé d'Ars invoquait les saints. C'était d'eux surtout qu'il attendait son principal secours. M. Vianney parlait très-souvent des saints, et de douces larmes se mêlaient alors à son langage. Comme on parle d'un ami absent, dont le souvenir charme le cœur et qu'on espère revoir un jour, ainsi s'entretenait-il des bienheureux du ciel. Quand on entendait ses récits pleins de menus détails et d'une familiarité touchante, on était porté à se dire : Mais il a donc connu ces bons saints et vécu avec eux dans la plus étroite intimité ! — Il avait, en effet, mille histoires à raconter, singulièrement belles et merveilleuses, pour montrer l'excès des condescendances divines à l'égard des saints. « Je crois que si nous avions la foi, « disait-il, nous serions maîtres des volon- « tés de Dieu. Nous les tiendrions enchaî- « nées, et il ne nous refuserait rien. »

Le côté légendaire et merveilleux, dans la vie des saints, effraye, scandalise souvent certains esprits, qui voudraient, semble-t-il, limiter la puissance de Dieu. Ce côté était justement, au contraire, celui qui séduisait le plus le cœur du curé d'Ars. « Le « soleil, disait-il à cette occasion, ne se

« cache pas de peur d'incommoder les
« oiseaux de nuit. » Sa foi courageuse ne
reculait devant rien de ce qui peut renverser l'orgueil de la raison humaine et
confondre les pensées des sages du monde.
« Pour lui, comme dit son biographe, cette
puissance adorable qui se joue dans l'univers et qui est souvent en Dieu au service
de la bonté, ne brillait jamais d'un assez vif
éclat. Ce qu'il y avait de plus prodigieux
et de plus contraire au cours ordinaire
des choses était ce qui le ravissait le
plus 1. » .

Les saints étaient donc pour le curé d'Ars
de vrais amis, avec lesquels il vivait constamment, par l'esprit et par le cœur, dans
une douce familiarité. Il les appelait ses
consuls, c'est-à-dire ses représentants, ses
lieutenants, ses suppléants dans le ciel, auprès de Dieu. Leurs images et leurs restes

1. *Esprit du curé d'Ars*, par M. l'abbé Monnin.

sacrés lui étaient grandement chers ; le don d'une relique le rendait singulièrement heureux, et il n'imaginait pas qu'on pût recevoir un plus beau présent.

On sait que dans un autre sens il appelait les saints des *rentiers*; et qu'à ce titre du moins, il semblait peu envieux d'aller partager sitôt leur félicité. Le désir de l'éternel repos préoccupait rarement cette âme généreuse, haletante de travail. Il s'exprimait ainsi dans un de ses cathéchismes : « Si nous comprenions bien notre « bonheur, nous pourrions presque dire « que nous sommes plus heureux que les « saints dans le ciel. *Ils vivent de leurs* « *rentes ;* ils ne peuvent plus rien gagner, « tandis que nous pouvons à chaque in-« stant augmenter notre trésor. »

— Monsieur le curé, lui disait un jour son missionnaire, si le bon Dieu vous proposait, ou de monter au ciel à l'instant même, ou de rester sur la terre pour travailler à la conversion des pécheurs, que feriez-vous ?

— Je crois que je resterais, mon ami.

Telle fut la réponse du généreux ouvrier de Jésus-Christ. Et cependant il soupirait après le bonheur de voir Dieu, comme un fils bien-aimé soupire après sa réunion à son père. Mais la pensée de travailler ici-bas pour sa gloire modérait ces soupirs... Travailler, combattre, souffrir pour son bon Maître, c'était pour lui du bonheur... Si Dieu l'eût rappelé avant l'âge du repos, il aurait donc volontiers pris ces mots pour épitaphe de sa tombe : *Pleure sur le mort, parce qu'il s'est reposé* [1].

Saint Jean-Baptiste, son glorieux patron, était honoré par le curé d'Ars d'un culte particulier. La première chapelle que M. Vianney fit construire, et qui s'ouvre

----

1. *Plora super mortuum, quoniam requievit.* On lit cette inscription à la porte du cimetière de la basilique Saint-Laurent, à Rome.

au nord de l'église, vis-à-vis celle de la sainte Vierge, fut dédiée par lui au saint Précurseur. Une circonstance merveilleuse accompagna la construction de cette chapelle. Quand elle fut terminée, le charitable curé, qui donnait tout aux pauvres, n'avait plus d'argent pour payer son ouvrier. Comment faire? Il se promenait dans la campagne, son rosaire à la main, selon sa coutume dans les peines de ce genre, lorsqu'un cavalier inconnu le rejoint, l'aborde, et, après un court entretien, lui remet vingt-cinq pièces d'or. Ce fut le premier argent mystérieux que reçut le saint curé. Mais combien de fois depuis la Providence lui a-t-elle ainsi envoyé un secours inespéré dans de semblables occasions!

Cette chapelle de Saint-Jean-Baptiste fut toujours chère au cœur du curé d'Ars. Elle devint plus tard sa demeure presque habituelle. Là s'écoulèrent, en effet, dans les obscurs travaux du confessional, les

plus bellles et les dernières années de
l'humble prêtre qui avait dévoué sa vie à
la conversion et au salut des pauvres pécheurs.

Le curé d'Ars vénérait particulièremen
quelques autres saints, et parlait d'eu
avec plus de bonheur. Ses préférence
étaient pour ceux dont les travaux et le
souffrances, ou la pureté de leur vie, on
révélé en eux un plus grand amour pou
Jésus-Christ. Tels étaient saint Joseph
saint Jean l'Évangéliste, saint Françoi
d'Assise, saint François Régis, saint Louis
roi de France, saint Louis de Gonzague
sainte Thérèse, etc... Mais, entre tous, i
accordait une place privilégiée à une illus
tre sainte dont il est temps de parler. L
titre de cet ouvrage a déjà rappelé son
nom... Nous devons résumer ici sa mer
veilleuse histoire.

Lorsque le pèlerin d'Ars entre dans l
petite église de ce village béni, l'un de

premiers objets qui frappent ses regards est une chapelle à gauche, contenant des reliques d'une jeune et célèbre martyre. Dans cette chapelle, ornée avec élégance, apparaît une belle statue de la sainte, recouverte d'or, et quelques autres qui lui forment cortége. Dans le fond, un grillage représente une châsse ou un tombeau. A droite, un tableau, touchant mémorial de la reconnaissance des paroissiens d'Ars, représente à son tour la couche d'un bien-aimé pasteur moribond rendu à son troupeau par la puissante protection de la patronne de ce sanctuaire. A gauche du marchepied de l'autel se dresse enfin un guéridon surchargé presque constamment de petits flambeaux ardents, signe de gratitude pour des bienfaits obtenus, signe d'espérance pour des faveurs sollicitées.

Quelle est donc cette sainte, cette jeune et illustre thaumathurge ? Pour connaître son histoire, éloignons-nous un instant de cette rustique plaine de la Dombes, et transportons-nous sur les rives du Tibre... Là nous trouverons cette héroïque histoire écrite dans les catacombes de la vieille cité des apôtres et des martyrs.

CHAPITRE II

—

Les catacombes de Rome

Les catacombes sont la Rome des morts.
sous la Rome des vivants. Ville souterraine, dont les rues sont de sombres corridors bordés de sépulcres, elle embrasse
un espace immense et s'étend sous la campagne romaine. On a calculé qu'en joignant tous ces corridors l'un à l'autre, on
formerait une rue d'environ soixante-dix
lieues de longueur, bordée de six millions
de tombeaux.

Ces vastes souterrains avaient été creusés

d'abord pour en extraire la *pouzzolane*, cette terre réfractaire qui entrait dans la composition du ciment romain... Mais il est certain que les galeries, les salles et les oratoires taillés dans le tuf, sont des ouvrages entrepris et exécutés uniquement par les chrétiens. Les preuves évidentes rapportées par les savants archéologues ne laissent aucun doute à cet égard.

Pendant les trois premiers siècles de l'Église, les catacombes ont servi à divers usages. Avant tout, c'étaient des cimetières. Les actes des martyrs les désignent presque toujours par ce nom de cimetière, *cœmeterium*, qui, en langue grecque, signifie littéralement *dortoir*. Quel immense dortoir, en effet, que les catacombes ! Là dorment, dans l'attente de la résurrection glorieuse, plusieurs millions de martyrs et de confesseurs. Sur la porte d'entrée des catacombes de Saint-Calixte ou Saint-Sébastien, sur la voie Appienne, on lit cette inscription : *Dans ce cimetière reposent les ossements de quatre cent soixante-dix mille martyrs, qui, pour devenir héritiers dans la maison du Seigneur, ont souffert la mort pour le nom de Jésus-Christ.*

Dans les profondeurs obscures des cata-combes, les corridors se mêlent, se croisent et forment d'inextricables labyrinthes. De chaque côté des couloirs, depuis le sol jusqu'à la voûte, sont pratiquées des ouvertures oblongues. C'est là qu'étaient placés, sur deux lignes parallèles, les corps des chrétiens, des confesseurs et des martyrs. Après la sépulture, chaque tombe était fermée par une plaque en marbre, en pierre ou en brique, sur laquelle on gravait soit une inscription, soit un signe symbolique, comme une branche de laurier, une colombe, ou le monogramme du Christ. Ces inscriptions, la plupart très-courtes, étaient quelque sentence de la sainte Écriture, ou bien ce simple mot : *in pace* (en paix). Quant aux martyrs, on les distingue par la petite fiole de sang déposée dans le sépulcre ou par la branche de laurier, symbole de la victoire, ou bien encore quelquefois par l'instrument de leur supplice figuré sur la tombe.

Les Souverains Pontifes, depuis Sixte-Quint surtout, ont porté leur attention sur la ville souterraine, tout en s'occupant des grands monuments extérieurs de Rome. Le savant Bosio, sur la fin du XVIᵉ siècle, ouvrit dans les catacombes, à la science archéologique, un vaste champ d'études, que beaucoup d'autres ont cultivé après lui. Depuis on a continué les fouilles et on a extrait une multitude presque infinie de reliques et de monuments précieux. Les églises de Rome et d'un grand nombre d'autres cités se sont enrichies de corps saints, et le musée du Vatican voit ses murs tapissés d'inscriptions, d'instruments et d'emblèmes recueillis dans les catacombes. Les fouilles se poursuivent de nos jours ; tout n'est point exploré encore, et la piété, comme la science, découvre à chaque instant de nouveaux trésors dans cette ville souterraine, qu'ont peuplée de millions de tombeaux trois siècles de persécutions et d'héroïques victoires.

« Telles sont les richesses de Rome, redirons-nous ici avec un pieux pèlerin. La ville sainte a ses fondements dans les sépulcres des martyrs ; et de ce reliquaire immense elle tire les dépouilles bénies dont elle enrichit le monde. Les guerres religieuses et révolutionnaires des temps modernes avaient détruit les reliques des saints, et sans reliques on ne pouvait pas relever les autels ; d'autre part, de nouvelles églises ont surgi en Amérique, en Océanie, dans les contrées de l'extrême Orient ; il fallait des reliques pour fonder ces églises, car toute église est édifiée pour abriter l'autel, et l'autel repose sur le tombeau d'un saint. Rome a ouvert ses catacombes, et de ce *trésor excellent* elle tire les *richesses anciennes* qu'elle envoie aux jeunes Églises de tout l'univers. Ces richesses ne sont pas de celles qui apportent le bien-être matériel, mais la vertu, l'amour du devoir, la sainteté. Tantôt c'est une jeune vierge, comme sainte Philomène, qui sort des catacombes avec sa blanche couronne de lis pour prêcher la pureté angélique ; tantôt c'est une mère, comme sainte Théodosie, qui sort de son sépulcre, après un sommeil de quinze siècles, pour enseigner aux mères chrétiennes de notre France la douceur, la fidélité, le bon exemple, la fermeté dans le devoir [1]. »

Les catacombes servaient aussi de lieux d'asile et de refuge dans les temps de per-

[1]. Le R. P. Rigaud, *Souvenirs de Rome*, ch. XVI.

sécution. Les premiers successeurs de Pierre invitaient les chrétiens, poursuivis par la haine sanglante de Domitien, à descendre dans ces profondes retraites. « Venez, leur disait le pape saint Clément, « rassemblez-vous dans les cimetières. « Nous voulons y lire les saintes Écritures, « entonner des cantiques en l'honneur des « martyrs et des saints qui ont quitté le « monde ; nous voulons prier pour nos « frères qui sont morts dans le Seigneur, « offrir dans nos chapelles et sur nos tom- « beaux le saint sacrifice de l'Eucharistie, « qui est agréable à Dieu, et conduire, aux « derniers chants des psaumes, ceux qui « meurent pour la foi. »

Cette invitation de saint Clément aux fidèles de Rome nous explique les occupa- tions des chrétiens dans les catacombes. Pendant que le prince des ténèbres, pro- tégé par les empereurs, régnait sur les col- lines de la cité romaine, les disciples de

Jésus-Christ descendaient dans les entrailles de la terre; il y avait là des spectacles dignes d'être contemplés par les anges. Le pieux pèlerin cité tout à l'heure les retrace dans un touchant langage que nous aimons à reproduire ici : « Ces sombres asiles de la mort s'illuminaient de clartés saintes et joyeuses, se parfumaient des vapeurs de l'encens; dans les longues avenues, les foules chrétiennes se tenaient silencieuses; puis, dans un carrefour central, où tous les regards pouvaient atteindre, se tenait, devant un tombeau, le Pontife romain, le grand prêtre de la nouvelle alliance. Il était là, au centre de la lumière et de l'amour, tandis que la couronne de ses prêtres, de ses diacres, de ses lecteurs, de ses exorcistes, de ses fidèles, se tenait autour de lui comme une couronne de cèdres sur le mont Liban. Il était là, profondément recueilli dans la sainte liturgie, offrant l'adorable sacrifice de la messe sur le tombeau d'un martyr. Parfois les hymnes sacrées s'élevaient du sein de la foule ; les couloirs profonds, comme un orgue immense, soupiraient de divines harmonies. Tous ces proscrits de la société païenne éclataient en transports surnaturels, et les corps des martyrs tressaillaient de joie sur leurs couches sanglantes. Après les saints cantiques, au milieu du silence, le Souverain Pasteur élevait la voix pour instruire son troupeau. Il enseignait le dogme immuable, la charité des enfants de Dieu, l'intégrité des mœurs ; il rendait compte des progrès de l'Évangile dans le monde ; il promulguait les règles de la sainte discipline ; il proclamait les noms des nouveaux martyrs ; il encourageait les vivants à imiter les morts en combattant généreusement pour la foi.

« Après cette auguste homélie, le Souverain Pontife poursuivait le sacrifice interrompu, et il faisait descendre Jésus-

Christ lui-même dans l'abîme des catacombes!... Alors quel spectacle touchant et sublime! Le sacrificateur penché sur la victime dans une adoration profonde; l'Emmanuel au milieu des siens; la foule prosternée et la majesté de Dieu planant sur l'assemblée des saints : — voilà ce qui se passait dans les catacombes! — Mais le plus doux moment, c'était la sainte communion. En ce temps-là les chrétiens n'étaient pas retenus loin de Dieu par l'indifférence, par le respect humain, par les liens honteux du péché. — Ils venaient tous, chaque jour, au banquet eucharistique, se nourrir de lumière et de vie : ces forts chrétiens, que toute la puissance romaine ne pouvait incliner devant ses faux dieux, se prosternaient, s'anéantissaient devant l'humble Eucharistie; ils la recevaient comme le viatique suprême, et ils sortaient de là, dit saint Jean Chrysostome, comme des lions intrépides, respirant le

feu de la divine charité. C'était l'Eucharistie qui fortifiait les chrétiens pour la lutte
du martyre. — Ces ferventes communions
des premiers chrétiens, attestées par les
témoignages unanimes des Pères, le sont
également par une étrange accusation des
païens. Ils publiaient que les chrétiens,
retirés dans les sépulcres, faisaient des
festins ensanglantés par de la chair humaine. Évidemment il s'agissait du mystère
de l'Eucharistie mal entendu. — Oui, ils
se nourrissaient de cette chair dont il a été
dit : « *Ma chair est une nourriture,* » de cette
chair adorable qui alimente et sanctifie les
âmes depuis dix-huit siècles.

« Les catacombes protégeaient encore
d'autres rites sacrés : les baptêmes des
catéchumènes, les consécrations des dia-
conesses et des vierges, les ordinations des
diacres, des prêtres, des évêques ; toute la
vie catholique était là concentrée sous la
terre. On comprend que cette vie, comme

un immense volcan, devait tôt ou tard faire éclater sa prison et embraser le monde. Cette éruption de la lumière captive eut lieu après un laps de trois cents ans. Comme le Christ était resté trois jours dans le tombeau avant sa résurrection, l'Église resta trois siècles dans le sien, et elle prit possession de la vie publique pour toujours; alors s'accomplit la parole du Prophète : « *Monte sur la haute montagne et crie aux peuples de la terre : Le Seigneur a régné*[1]. »

Telles étaient les catacombes durant les trois premiers siècles de l'Église. Après les persécutions, à partir du ive siècle, elles cessèrent d'être des lieux de sépulture et l'asile des mystères chrétiens ; mais elles demeurèrent toujours des retraites sacrées où les fidèles se rendaient en pèlerinage. Saint Jérôme nous raconte que, lorsqu'il

1. Le R. P. Rigaud, *Souvenirs de Rome.*

étudiait à Rome, il avait pris la coutume
de visiter chaque dimanche les tombeaux
des apôtres et des martys, en compagnie
de jeunes gens de son âge : « Pleins de re-
« cueillement, dit-il, nous traversions ces
« cavernes qui sont creusées dans les pro-
« fondeurs de la terre. De tous côtés se
« trouvent des couloirs innombrables, qui
« se croisent dans toutes les directions ;
« des milliers de morts sont enterrés
« jusqu'aux voûtes des murs latéraux. Une
« faible lumière, qui pénètre rarement
« par les ouvertures qu'on a faites à la
« surface de la terre, dissipe un peu les
« ténèbres dans lesquelles on s'enfonce
« en marchant lentement, et quelquefois
« en rampant sur le sol. »

Dans la suite, des tremblements de terre
et surtout les ravages des barbares ayant
obstrué les entrées des catacombes, ces vénérables cimetières furent presque oubliés.
On vit cependant les fidèles s'y cacher en-

core pendant les invasions et les troubles
de Rome. Mais depuis le xvie siècle, le
mouvement chrétien a recommencé vers
ces antiques sépultures. Les pèlerinages
ont repris leur cours en même temps que
la science, devenant la compagne de la
piété, ouvrait le champ de ces explorations
qui nous ont valu tant de précieux trésors.
Parmi les pieux pèlerins du xvie siècle figure saint Philippe de Néri. Après des jour-
nées entières consacrées au plus laborieux
apostolat, cet illustre saint, dont le nom
est resté si cher à Rome, allait souvent
passer des nuits en prière dans les catacombes. Là, prosterné devant les reliques
des martyrs, il savourait les ineffables
délices dont Dieu récompensait sa piété
courageuse, et ne pouvant contenir les
saintes joies qui ravissaient son âme, il
s'écriait quelquefois dans ces solitudes
profondes : « *Assez, mon Seigneur, c'est
assez !* »

De nos jours les catacombes de Rome
sont visitées par de nombreux pèlerins, savants ou simples curieux. Bien que dépouil-
lées d'une grande partie de leurs trésors
sacrés, devenus l'ornement de nos églises
et de quelques musées, elles sont toujours
cependant ces monuments où l'on trouve
non-seulement des émotions religieuses,
mais encore une saisissante apologie du
catholicisme. Combien d'incrédules ou de
protestants sont sortis catholiques d'une
visite aux catacombes[1] l Et comment pour

1. En 1843, Mgr Sibour, alors évêque de Digne, visitait les catacombes de Sainte-Agnès,
conduit par le savant P. Marchi, et avec des
étrangers de dictinction. Il voulut terminer cette
visite par une prière à haute voix que ces lieux
lui inspirèrent, et tous les assistants tombèrent
à genoux. Après la prière, deux jeunes Anglais
lui dirent à voix basse : « Monseigneur, nous
sortons d'ici tout convertis au catholicisme ;
mais des parents et des considérations très-
graves nous obligeront peut-être à renfermer
quelque temps dans nos cœurs le secret que
nous vous confions; daignez prier pour nous;

des esprits de bonne foi n'en serait-il point
ainsi? Le christianisme primitif, le christianisme pur est là tout entier écrit sur
les tombeaux des martyrs et sur ces images peintes ou sculptées qui les envi-
ronnent. Quels arguments pourraient
essayer encore les hérétiques, en présence de nos dogmes chrétiens attestés
par ces monuments des premiers âges de
l'Église?

Les plus célèbres catacombes sont celles
de Sainte-Agnès, sur la voie Nomentane;
de Saint-Pancrace, au delà du Janicule,
sur la voie Aurélienne; de Saint-Laurent,
sur la voie Tiburtine, et de Saint-Calixte ou
Saint-Sébastien, sur la voie Appienne. Une
basilique s'élève à l'entrée de chacune
d'elles, et ces cimetières sacrés sont ainsi

il nous faudra quelque courage! » Et ils lui
déclarèrent leurs noms. (*Itinér. du Voyageur
catholique à Rome*, par M. Dalnières, curé des
Pont-Saint-Esprit (Gard). Excellent ouvrage,
très-utile aux pèlerins de Rome.)

sous la garde du saint ou de la sainte dont ils portent le nom.

Sur la voie Salaria sont d'autres catacombes dites de *Sainte-Priscille*, devenues célèbres elles-mêmes par la découverte d'un précieux trésor. Quel est ce trésor? C'est celui dont le saint curé d'Ars était si heureux de posséder quelques parcelles, comme le plus cher ornement de son église, et l'instrument des grâces merveilleuses que nous aurons tout à l'heure à signaler.

CHAPITRE III

**Invention du corps de sainte Philomène
Légende de la Sainte.—Glorieux martyre**

Le 25 mai 1802, des ouvriers chargés de déblayer les voies souterraines des catacombes de Sainte-Priscille, près la porte Salaria, découvrirent un tombeau. La pierre sépulcrale offrait plusieurs signes symboliques : on y voyait une ancre, trois flèches, un fouet, une palme et un lis. Ces emblèmes du martyre et de la virginité étaient accompagnés de cette inscription : « *Filumena, pax tecum, (fille de la lumière, la paix soit avec toi.)* »

La pierre qui fermait l'entrée ayant été détachée, on aperçut les restes de la sainte et, tout à côté, un vase de verre très-mince, moitié brisé, et dont les parois étaient couvertes de sang desséché. Il s'opéra alors un prodige en présence des ouvriers et des hommes instruits qui étaient accourus à la première nouvelle de la découverte d'un tombeau remarquable. Pendant qu'on s'occupait à détacher des différentes pièces du vase brisé le sang qui y était collé, pour en réunir avec le plus grand soin les plus petites parcelles dans une urne de cristal, ces parcelles, en tombant dans l'urne, apparurent étincelantes comme des pierreries de diverses couleurs. Un tel prodige, survenu devant de nombreux témoins et des personnages considérables de Rome, fit reconnaître qu'on avait découvert un trésor de grand prix. Ces saintes reliques, après être restées quelque temps à Rome, furent données, en 1805, à un pieux missionnaire napolitain, pour les placer dans une chapelle de son pays, à Mugnano, petite ville près de Naples, au diocèse de Nole. Les miracles qui s'opérèrent au tombeau de sainte Philomène rendirent bientôt son nom célèbre dans toute l'Italie.

On ignorait cependant son histoire : on connaissait seulement, par les *signes trouvés* à son tombeau, les circonstances de son martyre. L'ancre annonçait qu'elle avait été jetée dans les eaux du Tibre ; les flèches, qu'elle avait subi le même supplice que saint Sébastien ; le fouet, qu'elle avait été soumise à la flagellation. Le lis était l'emblème fidèle de sa virginité ; la palme indiquait qu'elle avait enfin conquis, par sa mort, la couronne des martyrs.

Mais en voyant la puissance dont Dieu avait investi cette héroïne chrétienne, on regrettait d'autant plus d'ignorer son origine et les circonstances de sa vie. Des révélations faites à plusieurs personnes

dignes de foi vinrent en apprendre le
principaux événements [1]. Voici donc
d'après elles, la légende des actes de la vi
et du martyre de Philomène, la thauma

---

1. Ces révélations ont été faites à trois per
sonnes différentes, dont la première est un jeun
artisan très-connu de don François de Lucia
qui, dans son ouvrage, rend un témoignage pu
blic à sa pureté de conscience et à sa solid
niété. La seconde est un saint prêtre, à qui s;
dévotion envers la sainte martyre valait de;
grâces toutes particulières. La troisième enfi;
est une vénérable religieuse de Naples, très-
dévouée aussi au culte de sainte Philomène
Les récits de ces trois personnes, inconnues le;
unes aux autres et habitant des pays différents.
sont pleinement d'accord, quant au fond et au;
principales circonstances, et, loin de contre-
dire en rien l'épitaphe et les signes du martyr;
trouvés sur le tombeau de la sainte, ils lui donnent, par les détails qu'ils y ajoutent, un déve-
loppement aussi clair qu'édifiant.
C'est d'après ces révélations très-dignes de
foi que don François de Lucia a écrit en italien
son ouvrage sur sainte Philomène, lequel avait
été soumis à l'autorité ecclésiastique avant de
paraître au jour. Cet ouvrage est la principale
source où l'on a puisé tout ce qui a été écrit
sur l'illustre sainte.

turge du XIXe siècle, la *grande sainte*, comme l'appelait le pape Léon XII.

Elle était fille d'un prince qui gouvernait un petit État dans la Grèce, sous le bon plaisir et la haute tutelle de Rome. Sa mère était aussi de sang royal. Tous deux, encore païens, se trouvant sans enfants, offraient continuellement à leurs divinités, pour en obtenir, des sacrifices et des prières. Un médecin de Rome, nommé Publius, zélé chrétien, vivait dans le palais du prince. Voyant l'affliction de ces parents, il fut inspiré par l'Esprit-Saint de les convertir à la foi, et leur promit une postérité, s'ils consentaient à recevoir le baptême. Touchés par la grâce qui accompagnait ses paroles, le prince et son épouse embrassèrent le christianisme. Quelque temps après, ils eurent le bonheur si désiré : une fille leur naquit. En souvenir de la lumière qu'elle avait apportée à ses parents, l'enfant fut appelée *Philumena*, ou *fille de la lu-*

mière. Dès son plus bas âge, elle montr
un grand amour pour la vertu, principa
lement pour la pureté. A l'âge de onze ans
elle voua à Dieu une perpétuelle virgi
nité.

Deux ans plus tard, le prince grec, s
femme et sa fille partaient pour Rome
et se rendaient tous trois au palais d
l'empereur Dioclétien, qui régnait alor
sur le trône des Césars, maîtres du monde
L'occasion de cette démarche était un
guerre injuste dont le prince se voyait me
nacé par l'orgueilleux Dioclétien.

Admis à l'audience de l'empereur, l
prince, désireux de la paix, lui développ
avec talent toutes les raisons qui pouvaien
servir à sa défense. Mais le monarque n
l'écoutait nullement : ses regards s'atta
chaient sur la jeune Philomène, dont l
beauté l'avait frappé. Il était veuf alors d
sainte Sirène, qu'il avait fait mourir parc
qu'elle était chrétienne. Il demanda l

main de la jeune princesse grecque, offrant la paix à ce prix. Les parents de Philomène accueillirent sa demande avec joie, mais leur fille se souvenait de son vœu : elle refusa donc constamment les brillantes offres de l'empereur. En vain son père et sa mère tombèrent-ils à ses genoux, en la conjurant d'avoir pitié d'eux et de leur patrie, et de considérer les biens dont elle se privait.

« Non, non, leur répondit-elle, Dieu et la virginité que je lui ai vouée sont mes biens les plus chers ; ma patrie, c'est le ciel. »

Conduite de nouveau par ses parents devant l'empereur, Philomène vit le maître du monde essayer de la séduire par les promesses les plus brillantes, et de l'effrayer par de terribles menaces ; mais elle fut inébranlable et demeura fidèle à son divin époux Jésus-Christ. Espérant que les rigueurs triompheraient de sa résistance,

Dioclétien la fit jeter, couverte de chaînes, dans un cachot de son palais. Il venait la voir chaque jour, lui offrant, avec la liberté, le trône du monde. Mais la prière soutenait la jeune vierge ; elle ne cessait de se recommander à Jésus-Christ et à sa très-pure Mère : grâce à leur appui, elle sut triompher de tous les assauts du démon.

« Ma captivité durait depuis trente-sept jours, racontait sainte Philomène à une religieuse de Naples, de qui l'on tient ce récit, lorsqu'au milieu d'une lumière céleste, je vis la Reine des Anges portant son Fils dans ses bras : « Ma fille, me dit-elle, « encore trois jours de prison, et après ces « quarante jours, tu sortiras de cet état pé- « nible. » Ces premières paroles me remplirent d'une joie indicible ; mais quand elle eut ajouté : « Tu seras exposée à des « combats terribles et à des tourments plus « affreux pour l'amour de mon Fils, » mon

cœur se glaça d'épouvante, et j'éprouvai toutes les angoisses de la mort. — « Cou-
« rage, me dit Marie, courage, fille qui
« m'es si chère par le nom que tu portes !
« Tu t'appelles *Lumena*, comme ton Époux
« s'appelle *Lumière*; courage donc, je t'ai-
« derai. Maintenant la nature te fait sentir
« son humiliante faiblesse ; mais au mo-
« ment du combat, la grâce sera ton sou-
« tien, et ton ange, qui fut aussi le mien
« sur la terre, Gabriel, dont le nom signifie
« *Force*, viendra à ton aide ; je te recom-
« manderai à sa protection spéciale comme
« la plus chère de mes enfants. » — Ces
paroles de la Reine des Vierges, de la Consolatrice des affligés, me rendirent le courage. La vision disparut en laissant ma prison parfumée d'une odeur céleste. »

La prédiction ne tarda pas à se réaliser.
Dioclétien, désespérant de fléchir la jeune
chrétienne, résolut de la faire tourmenter
publiquement, et le premier supplice qu'il

lui infligea fut celui de la flagellation. Il ordonna donc qu'on la dépouillât de ses vêtements, et qu'attachée à une colonne du palais, elle fût battue de violents coups de fouet. Son corps ensanglanté n'offrit bientôt plus qu'une plaie. On la reporta mourante dans son cachot. Mais durant la nuit, deux anges resplendissants de lumière lui apparurent, et guérirent ses plaies si complétement, qu'elle se trouva plus vigoureuse qu'avant son supplice.

Le lendemain, l'empereur la fit venir en sa présence : grandement surpris de la revoir en pleine santé, il voulut profiter de cette circonstance en essayant de lui persuader que Jupiter, auteur de ce prodige, lui destinait évidemment le trône du monde. Joignant donc à ces paroles séduisantes les promesses les plus honorables et les caresses les plus flatteuses, il s'efforçait de consommer l'œuvre qu'il avait commencée. Mais la jeune vierge, soutenue par la force du divin Esprit, sut demeurer inébranlable. Bien loin de se laisser gagner, elle donna hautement des preuves si solides de la vérité de sa foi, que Dioclétien et tous ses courtisans furent réduits au silence. Enfin l'empereur, furieux de sa défaite, commanda qu'on attachât une ancre au cou de la jeune chrétienne et qu'on la précipitât dans le Tibre. L'ordre s'exécute; mais Dieu permit que deux anges vinssent encore à son secours. Ils coupèrent la corde qui retenait l'ancre, laquelle tomba au fond du fleuve, tandis que la jeune fille, à la vue d'un peuple immense, était transportée saine et sauve sur le rivage. Témoins de ce prodige, un grand nombre de spectateurs se convertirent à la foi.

Mais Dioclétien n'en devint que plus irrité. Attribuant à la magie ce nouveau prodige, il fit traîner la jeune sainte à travers les rues de Rome, et ordonna qu'on décochât contre elle une grêle de traits. Le corps de Philomène en était tout hérissé ; son sang ruisselait de toutes parts. Épuisée, mourante, elle fut reportée dans son cachot. Le ciel l'y honora d'une nouvelle grâce. Un doux sommeil s'empara de l'héroïque vierge ; à son réveil elle se trouva pleine de force et parfaitement guérie.

Dioclétien l'apprend : « Eh bien ! s'écria-t-il, dans un accès de rage, qu'on la perce une seconde fois de dards aigus, et qu'elle meure dans ce supplice. » On s'empresse de lui obéir ; les archers bandent leurs arcs, rassemblent toutes leurs forces ; mais les flèches se refusent à les seconder. L'empereur était présent à ce spectacle. Furieux de se voir encore vaincu par cette jeune fille, prétendue magicienne, et croyant que l'action du feu pourrait détruire l'enchantement : « Qu'on fasse rougir les dards dans une fournaise, s'écrie-t-il, et qu'on les dirige ensuite une seconde fois contre elle. » L'ordre barbare s'exécute ; mais les flèches, par la permission divine, après avoir traversé une partie de l'espace qu'elles devaient parcourir, retournaient contre ceux qui les avaient lancées. Six des archers furent tués, plusieurs autres se convertirent à la foi.

Cependant le peuple, témoin de ce miracle, poussait des cris d'admiration et célébrait hautement la puissance du Dieu qui avait protégé la jeune vierge. L'empereur, craignant quelque tumulte, se hâta d'ordonner enfin qu'on lui tranchât la tête. Ainsi s'envola vers son céleste Époux, avec la couronne de la virginité et la palme du martyre, celle qui avait refusé d'être impératrice de Rome. Elle n'était âgée que de treize ans. Le jour de son entrée dans la gloire fut le 10 août, un vendredi, à la troisième heure après midi. On

était alors dans les dernières années du
IIIe siècle.

Telle est, d'après la révélation faite par
sainte Philomène à une religieuse de
Naples, en oraison dans sa cellule, l'histoire du martyre de l'illustre sainte. A la
Rome catholique, sans doute, il appartient
de mettre sur cette révélation et sur les
deux autres, moins importantes, le dernier sceau de la certitude et de la vérité.
N'oublions pas cependant qu'elles s'offrent
à nous avec des caractères qui les rendent
très-dignes de foi. Les nombreux miracles
survenus depuis par l'invocation de la
jeune sainte ne confirment-ils pas eux-
mêmes l'authenticité de ces révélations ?
Quant aux faits et aux circonstances du
martyre, rapportés par la religieuse de
Naples, quelque merveilleux et éclatants
qu'ils soient, ils n'ont rien de plus surpre-
nant, après tout, que beaucoup d'autres
racontés dans la sainte Écriture ou dans

l'histoire de l'Église, et par lesquels Dieu s'est plu à exalter son saint nom et à glorifier ses élus.

Ne craignons donc point, à l'exemple du saint curé d'Ars, d'ajouter foi à l'héroïque et touchante légende de sainte Philomène, quand tout s'accorde à la rendre vénérable. Mais jetons un coup d'œil maintenant sur sa glorification posthume, et suivons la dépouille mortelle de la jeune martyre à Naples et à Mugnano, avant de revenir au village d'Ars, pour y réjouir nos regards des merveilles de son culte et de sa puissante protection.

CHAPITRE IV

Glorification posthume de sainte Philomène. — Translation de son corps. — Sa chapelle et son tombeau à Mugnano.

Dieu avait donc voulu, dans les desseins de sa miséricorde, qu'on retirât du sein des catacombes de Rome, après quinze siècles d'obscurité, le corps d'une jeune martyre inconnue. Il avait voulu que son nom, associé désormais aux noms des Agnès, des Catherine et de tant d'autres héroïques vierges, brillât aussi à son tour ici-bas d'une pure et immortelle gloire. Ne

semblait-il pas convenable, si l'on pe
s'exprimer ainsi, que le Ciel dédommage
cette sainte de l'oubli prolongé dans lequ
avaient été ensevelis ses étonnantes vert
et son héroïque courage ? Ce dédommage
ment lui a été largement et surabondam
ment accordé. Voyez quelle rapide et bri
lante gloire environne la tombe de sain
Philomène ! A peine ses reliques sont
elles offertes à la vénération des peuple
qu'aussitôt les miracles se multiplier
avec une si prodigieuse abondance, qu'u
Souverain Pontife, Léon XII, la proclam
la *grande sainte*, et que les peuples d
l'Italie semblent mettre le sceau à son im
mortalité en l'appelant *la thaumaturge d*
XIXe *siècle.*

La translation des reliques de sainte Phi
lomène à Naples et à Mugnano, quelque
années après leur découverte, est elle-même
une marche triomphale semée à chaqu
pas d'étonnants prodiges. Des difficultés e

quelques retards dans cette translation
n'avaient servi, dans les desseins de la
Providence, qu'à faire connaître plus clairement la volonté divine sur la destination
de ce corps sacré. Transporté d'abord à
Naples, il fut reçu dans la maison de don
Antoine Torrès, dont la famille hospitalière eut une ample part dans les bénédictions que Dieu commença, peu après, à
répandre sur tous les dévots de sainte Philomène. Ce fut dans la chapelle de cette
maison qu'on procéda à l'ouverture des
caisses renfermant les saints ossements, et
qu'avec toutes les formalités d'usage en
ces sortes de cérémonies, on disposa et
rangea ces reliques de manière à figurer,
selon la coutume, le corps d'une sainte.
On couvrit ce corps vénérable de vêtements
d'une noble simplicité. Lorsque tout fut
achevé et la relique placée dans la châsse
préparée pour la recevoir, on en ferma la
porte avec grand soin, et l'autorité ecclé-

siastique y apposa ses sceaux. Dès lor
commença le culte public de la jeun
sainte.

La chapelle domestique de la famill
Torrès devenant trop étroite pour conteni
la multitude des fidèles qui venaient d
toutes parts rendre leurs hommages a
saint dépôt, on le transporta dans un
église de Naples, où pendant trois jour
il resta exposé sur l'autel de Notre-Dam
des Grâces. Le concours était grand ; l
ferveur était grande aussi, et cependant
malgré l'attente de quelques miracles, le
trois jours se passèrent sans aucun événe
ment remarquable.

D'où pouvaient provenir ce silence du
Ciel et cette inaction apparente de l
sainte ? On le comprit plus tard, quand l
puissance de Dieu commençant à se ma
nifester, non dans l'église, mais dans l'o
ratoire de la famille Torrès, où l'on avai
reporté le saint corps, on vit que la Provi

dence ne destinait point ce trésor à l'opulente cité de Naples. Un seul miracle survenu dans l'église aurait décidé le clergé et le peuple à unir leurs instances pour que sainte Philomène n'en sortît plus. L'absence de tout miracle fut elle-même un signe de la volonté divine, qui avait résolu de faire ce précieux don à la petite ville de Mugnano, par préférence à la belle capitale.

En attendant son départ, la sainte préludait, dans la chapelle de la famille hospitalière qui l'avait abritée, aux éclatants miracles dont son tombeau allait être témoin. C'est d'abord Mme Torrès elle - même, femme de don Antoine, qui, souffrant depuis douze ans d'une maladie incurable, en est délivrée totalement par ses prières à la sainte. C'est ensuite un avocat de Naples, nommé Michel Ulpicella, retenu depuis six mois dans sa chambre par une sciatique rebelle à tous les traitements. S'é-

tant fait transporter à la chapelle, il en sor
parfaitement guéri. C'est encore une dam
distinguée, qui, ayant appliqué une reli
que de la sainte sur une plaie gangré
neuse, la voit disparaître entièrement. Mai
hâtons-nous de suivre la thaumathurg
jusqu'à Mugnano.

Cette seconde translation fut surtout un
marche triomphale semée de prodiges bien
faisants. Depuis plusieurs mois la terr
souffrait d'une grande sécheresse : vers l
milieu du jour qui précéda celui de l'arri
vée du saint corps à Mugnano, le peuple
entendant le bruit joyeux des cloches d
toutes les églises, se disait en tressaillan
d'allégresse et d'espoir : « Oh ! si cette nou
velle sainte voulait ajouter à la vénératio
et à l'amour que nous sentons déjà pou
elle, il y aurait un moyen bien sûr et bie
facile : elle n'a qu'à nous envoyer une plui
abondante pour arroser nos champs. »
Les cloches n'avaient point fini leu

oyeux carillon que la pluie tant désirée tombait sur tout le territoire de Mugnano, et de toutes parts on s'écriait dans de vifs transports de joie : *Viva Dio! Viva la Santa!*

On était parti de Naples à pied, le soir, don François de Lucia dirigeant l'escorte. On cheminait à travers des prodiges. L'un des porteurs de la châsse, malade et trop faible, se traînait avec peine à la suite des autres, sans pouvoir les aider ; mais enfin, sur l'invitation de don François, il reprend avec courage sa part de la charge, devenue légère, et il sent aussitôt disparaître sa faiblesse et sa douleur. — Plus loin, durant l'obscurité de la nuit et sous la menace d'un orage, c'est une colonne de lumière qui se forme tout à coup dans l'air, et dont la partie inférieure vient reposer sur la châsse jusqu'au lever du jour, tándis que la partie supérieure, s'étendant jusqu'à la hauteur du ciel, découvrait l'astre de la nuit et de nombreuses étoiles qui lui formaient une ceinture.

Près d'un bourg de l'antique Nole, appelé *Cimitilé,* celèbre par le martyre de saint Janvier et de ses compagnons, les porteurs de la châsse commencent à se plaindre : le poids est trop lourd, ils se disent accablés. Plus ils approchent du bourg, plus leur charge est pesante; ils s'arrêtent presque à chaque instant. Don François cherche à ranimer leur courage ; ils s'efforcent d'aller encore en avant; mais, arrivés à *Cimitilé*, ils se déclarent hors d'état de poursuivre la route, et en même temps ils montraient leurs épaules meurtries. Que faire ? Il était minuit : où trouver à cette heure un secours devenu nécessaire ? On met son espérance en Dieu, on invoque la sainte, on reprend courage ; mais après quelques pas on s'arrête de nouveau. Enfin paraissent quelques habitants de Mugnano, qui viennent en aide aux porteurs épuisés. Mais ce renfort de bras est bientôt inutile : la prodigieuse pesanteur a cessé ; aux plaintes succède un cri de joie : Miracle ! miracle ! La châsse a recouvré sa première légèreté. Oubliant leur grande fatigue, ces bons paysans se mettent à courir en criant, transportés de bonheur : *Viva Dio ! Viva la Santa ! E lieve tanto quanto una penna* [1].

Cependant l'aurore blanchissait l'horizon ; les habitants de Mugnano arrivaient joyeux, par petites troupes, au-devant du

1. *Elle est aussi légère qu'une plume.* — Tous ces récits et les suivants sont extraits de l'ouvrage de don François de Lucia. Ce prêtre consciencieux écrit ces faits miraculeux après en avoir été lui-même témoin oculaire ; il les écrit comme des faits *publics* arrivés en présence de nombreux spectateurs, et sans même omettre, ce qui est digne de remarque, le nom des personnes guéries miraculeusement par la protection de la Sainte, lesquelles existaient certainement, au moins pour la plupart, à l'époque où l'auteur a publié son ouvrage en Italie. Son témoignage est donc parfaitement digne de foi.

cortége ; les campagnes retentissaient de leurs chants pieux, et l'on voyait une multitude d'enfants, avec des rameaux d'olivier à la main, sauter de joie autour de la châsse, lancer en l'air leurs chapeaux et leurs mouchoirs, et répéter sans cesse le cri : *Viva la Santa !* C'était l'aurore d'un jour de triomphe... De tous les pays voisins on arrivait aussi au-devant du saint corps. On enviait le bonheur dont allait jouir Mugnano ; on voulait du moins avoir quelque part aux prémices des bénédictions de la sainte ; il fallut donc s'arrêter et contenter la dévotion du peuple en lui montrant sa nouvelle patronne.

Une maison de campagne était voisine... La foule se précipite dans une grande cour, et don François se hâte de satisfaire ses pieux désirs. Mais au moment où il découvrait le saint corps, et pendant que le peuple témoignait hautement son admiration à l'aspect des précieuses reliques, un horrible ouragan se forme soudain, fond avec impétuosité sur la cour où se pressait l'immense multitude, et se dirige sur la châsse elle-même, qu'il menace de renverser. Des cris d'effroi résonnent de tous côtés : *Dio, Dio, misericordia! Santa, abbià compassione di noi!...* Mais bientôt la consolation a remplacé la crainte ; l'ouragan, repoussé comme par une main invisible, va expirer sur un mont voisin, dont quelques arbres sont déracinés... Le ciel était serein cependant : comment s'était formée cette tempête? Don François dit clairement à ce bon peuple : « C'est ici un effort du démon pour essayer de détruire dans ses fondements l'édifice de gloire que va élever à Dieu le culte de sainte Philomène. » Quoi qu'il en soit, cet épisode inattendu ne fit qu'ajouter un nouvel éclat à la pompe de ce beau jour.

Le cortége reprit ensuite sa marche au milieu d'une foule toujours croissante. Arrivé enfin à Mugnano, il se dirigea vers l'église de Notre-Dame des Grâces, où le saint corps fut exposé sur le grand autel. Le lendemain, onze du mois d'août, devait avoir lieu la solennité.

Ce jour était un dimanche. De tous les pays environnants on vit donc arriver une multitude de personnes de tout âge et de toutes conditions. L'église se remplissait à chaque instant d'un peuple avide de voir et de vénérer la nouvelle sainte ; chacun espérait que le Seigneur glorifierait son nom par quelque miracle. On entendait ces bons villageois, dans la simplicité de leur foi impatiente, se demander les uns aux autres : « Mais notre sainte, quand est-ce donc qu'elle fera des miracles ? »

Le ciel répondit bientôt à leurs désirs : d'éclatantes guérisons, obtenues par la puissante protection de sainte Philomène, réalisèrent les vœux des bons habitants de Mugnano au delà même de leur espérance.

Entre les nombreux miracles de ces pre-

miers jours que Dieu opéra par l'intercession de la sainte, on aime à rappeler les
deux suivants : un pauvre petit estropié de
dix ans, que sa mère avait apporté dans
ses bras, fut guéri le jour de l'octave de la
translation, pendant la messe solennelle,
en présence de tout le peuple. Le soir de ce
même jour, aux vêpres, une femme du
village d'Avella, dont la petite fille était
aveugle, se disait, en fendant la foule qui
se pressait dans la chapelle : « Ah ! si je
pouvais seulement oindre les yeux de mon
enfant avec l'huile de la lampe, sans doute
elle serait guérie ! » Le ciel récompensa la
foi de cette femme : à peine la petite
aveugle eut-elle été ointe de cette huile
qu'elle recouvra subitement la vue.

Ce miracle avait lieu pendant le sermon, en présence de tous les assistants.
Qu'on se figure les cris de joie, le bruyant
tumulte produit par l'allégresse et la reconnaissance d'un peuple vif, impression-

nable et expansif comme est le peuple napolitain. Le prédicateur, don Antonio Vetrano, ne peut plus se faire entendre ; il s'arrête ; et comme tous demandaient à grands cris qu'on leur montrât la petite aveugle guérie, un prêtre la prend dans ses mains et, monté sur une balustrade, il la présente aux regards du peuple, qui, ravi d'admiration, élève jusqu'au ciel la puissance de Dieu et la gloire de la jeune martyre, sa nouvelle patronne.

L'intention de don François de Lucia n'était point de laisser le corps de la thaumaturge dans l'église de Notre-Dame des Grâces. Il le destinait à l'ornement de sa chapelle domestique. Mais après tant de prodiges merveilleux, il comprit que la divine Providence voulait gratifier de ce précieux dépôt non plus seulement un oratoire particulier, mais l'église même de l'heureuse petite cité. Il se détermina donc de bon cœur au sacrifice que Dieu lui imposait, et s'occupa d'ériger dans cette même église un autel où la sainte pût recevoir dignement les hommages de ses dévots serviteurs.

Cet autel fut élevé peu de temps après dans l'une des chapelles de l'église ; mais sa simplicité contrastait avec la célébrité de la jeune martyre et la splendeur des miracles dont le Seigneur se plaisait à l'honorer. Un miracle nouveau fit dans la suite embellir le sanctuaire de la sainte d'une magnificence plus digne de sa gloire.

Le 11 août 1814, un célèbre avocat de Naples, nommé Alexandre Serio, atteint depuis longtemps d'un mal incurable qui allait le consumant, vint avec sa femme à Mugnano pour y célébrer la fête de la sainte. Sur le soir du même jour, après la bénédiction du très-saint Sacrement, et à la suite de violentes douleurs qui le mirent aux portes du tombeau, don Serio vit ses vœux exaucés : il se trouva complétement guéri. Dans leur reconnaissance, les deux époux firent élever à la sainte, dans sa chapelle de Mugnano, un autel de marbre d'une grande richesse et qui porte lui-même les vestiges d'un miracle [1]. Depuis lors le sanctuaire, si célèbre aujourd'hui, de la grande thaumaturge, offre à la foule des pèlerins qui le visitent un spectacle plus consolant pour leur piété. Mais ce qui les charme plus encore, c'est la confiance, la foi naïve du pauvre peuple, des infortunés surtout, de ceux qui souffrent et pleurent. Oh ! combien de larmes ont été séchées, combien de douleurs ont été apaisées devant ces reliques saintes d'une jeune vierge martyre, retrouvées à l'aurore de notre siècle, pour la consolation de milliers de fidèles dévoués à son culte !

---

1. Sur la grande table de marbre de l'autel, qu'un accident avait fendue presque en entier dans sa largeur, et que le doigt de la Sainte, assure-t-on, rétablit dans son premier état.

Mais ce n'est point à Mugnano seulement, c'est dans toute l'Italie, c'est en France, c'est à Ars surtout, comme nous le verrons tout à l'heure, c'est dans le monde entier que ce culte, aujourd'hui répandu, opère de merveilleux prodiges. Il en est de singulièrement touchants rapportés dans la vie de la sainte. Écoutons, par exemple, le récit suivant, pour nous former une juste idée de la puissance de son patronage.

Il y avait dans les prisons d'Avellino, ville du royaume de Naples, un criminel condamné à mort, qui s'appelait Pellegrino Ruocco. Deux autres coupables partageaient avec lui la peine qu'on venait de lui appliquer, et la sentence devait s'exécuter le lendemain 19 août 1832. On ne songeait plus qu'à les disposer à bien mourir.

Pellegrino avait dans la ville une tante qui lui portait une grande affection. Instruite de la fatale nouvelle, elle se rend sur-le-champ à l'église avec quelques pieuses compagnes, et y fait de ferventes prières pour son malheureux neveu. On y célébrait un *triduum* solennel en l'honneur de la sainte martyre. Après avoir imploré le secours de la *Madone*, ces femmes pleines de foi se dirigent vers l'autel de sainte Philomène et la supplient, au milieu d'un torrent de pleurs, de vouloir bien s'intéresser pour la grâce du condamné. Persuadée qu'au Seigneur et à ses saints il n'est rien d'impossible, la bonne tante revient dans son logis, pleine de confiance ; là elle se prosterne devant une image de sainte Philomène, et persiste à demander avec foi la grâce du malheureux. Il lui semblait alors entendre une voix intérieure qui lui disait clairement :

— Va, pars pour Naples, jette-toi aux pieds du roi, et la grâce te sera accordée.

Plus elle priait, plus cette voix se faisait

entendre. — Il y a là quelque chose de surnaturel, se dit-elle enfin ; mais comment venir à bout d'une telle entreprise ? — Cette difficulté l'arrêtait. La lumière divine l'emporta néanmoins ; le voyage est décidé; elle part d'Avellino vers les sept heures du même jour; et, après avoir couru trente milles, elle arrive dans la capitale vers le milieu de la nuit.

« Cette nuit-là même, poursuit l'ouvrage auquel nous empruntons ce récit, son neveu, qui ne pouvait savoir les projets qu'elle avait formés, se recommandait vivement à la sainte martyre, et s'étant assoupi il crut la voir et lui entendre proférer ces mots : — « Ne crains pas, sois con-« tent; lors même que tu serais tout auprès « de la potence, je saurai bien t'arracher aux « mains de tes bourreaux. » — Il s'éveille, et sur-le-champ il fait part à ses compagnons de ce songe favorable. Le lendemain il le raconta à ceux qui venaient le voir ;

la joie qui animait alors son visage décelait ce qui se passait dans son cœur. Il était inébranlable dans sa confiance. Sa tante se trouvait néanmoins dans un grand embarras. La supplique était faite, l'audience obtenue, mais le roi n'était visible qu'à deux heures environ de l'après-midi, et la sentence devait s'exécuter à Avellino, le même jour, à cinq heures. N'importe, Dieu peut tout. Déjà, contre toute espérance humaine, la grâce est accordée ; les légalités vont se remplir ; et s'il faut un miracle pour que la grâce arrive avant l'exécution, sainte Philomène est là pour l'opérer.

« Il est impossible de ne pas remarquer ici l'attention de Dieu à rehausser la gloire de sa servante. Il permit de nouvelles et presque insurmontables difficultés. Au lieu d'expédier sur-le-champ les lettres de grâce, on laissa encore s'écouler deux mortelles heures ; et quatre heures sonnaient (il n'en restait plus qu'une seule avant l'exécution), quand le roi se souvient et du pardon accordé et des lettres qui n'ont pas été expédiées. Nouvel embarras pour lui, il faut chercher la supplique; on ne peut la trouver; il veut du moins se rappeler les noms des trois coupables, car la grâce avait été sollicitée et obtenue pour les trois également; mais, quoi qu'il fasse, le nom d'un seul vient se retracer à sa mémoire, et c'est celui de *Pellegrino Ruocco*.

« Sur-le-champ, sans autre formalité, il ordonne à l'un de ses officiers de porter au télégraphe l'expression de sa volonté royale, et l'oubli des noms amenant celui des personnes, Pellegrino Ruocco est le seul aussi dont il se souvient de prononcer la grâce.

« Il était temps qu'elle arrivât : déjà, dans Avellino, tout était en mouvement pour l'exécution de la sentence; les criminels, tirés de la prison, s'avançaient vers le lieu du supplice ; ils y arrivaient. Au même instant la dépêche télégraphique paraît. C'est un ordre du roi ; mais l'expression n'en est pas claire. Elle porte un seul mot : *Que l'on suspende.* Le directeur du télégraphe flotte irrésolu. Cependant, s'il s'agit des condamnés, il n'y a pas de moments à perdre. Il laisse un suppléant ; il arrive sur la place, et de par le roi il commande un sursis. La chose était si extraordinaire que l'officier de la justice eut toutes les peines du monde à se rendre à cet avis ; et l'on était encore à discuter avec chaleur quand le suppléant accourt et apporte en termes clairs et précis la grâce tout entière. Pellegrino est pardonné. Seul il avait intéressé en sa faveur la puissante sainte Philomène. Le malheureux se trouvait déjà sur l'échelle ; on lui apprend son bonheur, et il tombe accablé sous le poids de sa joie. Il revient peu à peu à lui-même ; la liberté, l'honneur, la vie lui sont rendus ; il doit tout à son admirable protectrice. Dieu ! que ne peut votre bonté ! Et nous, chrétiens, que ne peut aussi la foi qui nous a été donnée [1] ! »

1. *Vie et miracles de sainte Philomène.*

CHAPITRE V

Culte populaire de sainte Philomène

Le culte populaire des saints est l'un des grands bienfaits de Dieu ; c'est un rayon du ciel projeté sur les nombreuses misères de ce bas séjour. Il est consolant de penser que ce rayon, mieux goûté de nos jours, fait mieux sentir parmi nous ses bénignes influences. L'exemple du saint curé d'Ars semble déjà porter ses fruits. Ce serait s'écarter de notre sujet que de montrer ici comment la science et l'érudition, venant en aide à la foi et à la piété, explorent à leur tour, par des travaux graves et sérieux, le champ des études hagiologiques... Pouvons-nous cependant ne pas nous réjouir en voyant le sillon ouvert dans ce champ fécond, il y a trente ans, par l'illustre biographe de *sainte Élisabeth de Hongrie,* continué par beaucoup d'autres patients ouvriers, avec plus ou moins de succès et de talent, mais toujours avec des intentions louables ? Les grandes figures de saint Grégoire VII, de saint Bernard, de saint Pie V, de saint Dominique, de saint François d'Assise, de saint Bonaventure, etc., brillent aujourd'hui d'un plus vif éclat ; nos saints patrons de la France, nos bienfaiteurs et nos pères, sont mieux connus à leur tour, depuis saint Denis, saint Front, saint Symphorien, saint Saturnin et saint Martin, jusqu'à nos saint François de Sales et saint Vincent de Paul. Enfin un grand honneur de notre siècle, au milieu de ses préoccupations matérielles et frivoles, sera certainement d'avoir entrepris la reconstruction et l'achèvement du vaste monument d'hagiographie qui suffirait seul à la gloire d'un ordre vénérable, couronné par tant d'autres gloires [1].

Mais lorsque le culte de nos anciens patrons et protecteurs reprend parmi nous son empire, bénissons la Providence qui fait luire des astres nouveaux pour devenir aussi nos bienfaisants protecteurs, et confondre les vices du siècle par le contraste frappant de leurs vertus. C'est ainsi qu'à l'aurore d'un siècle où allait régner le sensualisme, elle fait apparaître une jeune vierge martyre, dont l'exemple, le secours et le puissant patronage sont destinés à ranimer et à fortifier dans les âmes l'amour de la vertu. La soif de l'or et des richesses

1. Les *Acta sanctorum*, ou Collection dite des Bollandistes, qui se publie à Paris sous le patronage de S. S. Pie IX (chez Victor Palmé),

règne aussi de nos jours dans la société. A cette maladie nouvelle, la Providence veut opposer un exemple comme remède. Elle choisit un pauvre mendiant [1], à qui l'Église décerne les honneurs les plus insignes en le plaçant sur ses autels, afin que sa mémoire rappelle la parole trop méconnue du Sauveur : *Bienheureux ceux qui sont pauvres d'esprit, car le royaume des cieux leur appartient.*

Revenons à sainte Philomène. Le culte de la jeune vierge martyre, de plus en plus cher et en honneur par les miracles dont il était signalé, s'est propagé avec une rapidité telle qu'on peut la regarder elle-même comme miraculeuse. Le nom de Philomène, semblable à la lumière du soleil, est parvenu en quelques années jusqu'aux extrémités du globe. De Naples et de Rome [2],

1. Le B. Benoît Labre, récemment béatifié par S. S. Pie IX.
2. Sainte Philomène est spécialement hono-

ce nom béni a volé dans les contrées étran-
gères et lointaines, avec les livres qui par-
lent de ses miracles et les images où est
retracé son tombeau fécond en prodiges.
Portées par de zélés missionnaires dans la
Chine, dans le Japon, dans les établisse-
ments catholiques de l'Amérique et de
l'Asie, ces pieuses images ont fait connaître partout le nom et la gloire de la jeune
martyre. Jamais peut-être on ne vit un
autre exemple d'un culte devenu populaire
avec tant de promptitude dans des pays si
divers et si lointains.

En Europe, le culte de sainte Philomène
va s'étendant chaque jour davantage, dans
les bourgs et les campagnes aussi bien
que dans les plus illustres et populeuses
cités. Les grands et les petits, les pasteurs
et leur troupeau s'unissent pour l'honorer.

rée à Rome dans la splendide église de *Sainte-
Marie de la Victoire*, où l'on célèbre sa fête le
deuxième dimanche d'août.

Les plus hauts dignitaires de l'Église, des chef d'Ordres religieux, des ecclésiastiques recommandables par leur savoir et leurs vertus, donnent ici l'exemple. Les orateurs les plus éminents publient sa gloire du haut de la chaire chrétienne; tous les fidèles enfin qui connaissait l'illustre sainte, comme en Italie où son nom est plus populaire encore, l'appellent d'une voix unanime *la thaumaturge...*

La France n'a pas été la dernière à suivre l'exemple de l'Italie. On l'a vue s'empresser d'acueillir cette aimable dévotion. Le culte de sainte Philomène est aujourd'hui très-répandu, surtout dans nos contrées méridionales. Combien de jeunes filles y portent le doux nom de Philomène !! Quelle est la mère qui n'a pas raconté à sa fille l'histoire merveilleuse de la sainte patronne? Dans les campagnes, dans les villes, son image se retrouve partout, non-seulement dans les églises, les chapelles, mais encore dans les maisons, dans les ouvroirs, les ateliers, les filatures, les écoles... Nous l'avons retrouvée avec émotion, cette image bénie, dans la mansarde de la pauvre ouvrière, au-dessous d'un crucifix et à côté de l'image de la Vierge Marie. Dans la ville du Puy et dans les campagnes de la vieille province du Velay, le culte de la *grande sainte* est particulièrement en honneur. Voyez-vous, dans ces contrées, ces groupes de femmes ou de jeunes filles assises devant les portes de leurs maisons, s'occupant activement au travail de la dentelle, qui est souvent la principale ressource du pays? Approchez vos yeux de ces métiers de bois, de forme hémi-sphérique, garnis de nombreux petits fuseaux ou bobines qui roulent entre les doigts de ces habiles ouvrières des dentelles du Puy!... Que découvrez-vous sur les *carreaux?* Quelques images pieuses,

celle de la sainte Vierge d'abord, et aprè
elle presque toujours sainte Philomène..
Ainsi la jeune martyre est l'aimable com
pagne du long et pénible labeur de ce
pauvres ouvrières. Un simple regard su
son image, une invocation, une prière le
anime, les fortifie, les console... C'est, au
milieu de leurs fatigues, comme une bris
rafraîchissante qui souffle des rivages du
ciel [1].

Toulouse, la *savante*, la vieille métropol
du Midi, honore particulièrement sainte
Philomène dans l'un de ses pieux sanctuaires. La gracieuse église du couvent du
Saint-Nom de Jésus (rue du Vieux-Raisin
possède une chapelle qui n'est pas la moin

---

1. Le culte de sainte Philomène est aussi e
honneur à Paris, principalement dans l'églis
paroissiale de *Saint-Gervais*, où l'on célèbr
chaque année une neuvaine solennelle en so
honneur (du 2 au 11 août). C'est un grand hon
neur pour cette paroisse, d'être ainsi comme l
représentant de la grande cité pour offrir se
hommages à l'illustre sainte.

fréquentée, la moins aimée entre toutes celles des nombreux temples de la religieuse; c'est la *chapelle de Sainte-Philomène.* Devant l'image de la jeune martyre brûle constamment une lampe, comme devant l'autel de la sainte dans l'église d'Ars, et l'huile qu'elle renferme est souvent employée elle-même à oindre des membres débiles et malades. On assure que plusieurs guérisons inespérées ont récompensé la confiance des pieux fidèles.

Lyon, l'antique et religieuse cité, si dévouée au culte de Marie, honore particulièrement aussi sainte Philomène. Le pèlerin qui monte aujourd'hui à *Notre-Dame de Fourvières* trouve sur son chemin un passage qui rend moins pénible et plus agréable sa marche jusqu'au sanctuaire bien-aimé : c'est *le passage de Sainte-Philomène.* Il gravit à travers de gracieux jardins et de douces pentes, dans cet enclos de pieuses filles, qui, sous le patronage de l'aimable sainte, ont fixé leur séjour sur les flancs de la chère colline... Sainte Philomène est donc ainsi comme l'introductrice du pèlerin dans ce vénérable sanctuaire de la Reine du ciel. Soutenu par sa protection puissante, avec quelle confiance n'approche-t-il pas de la *Mère de la divine grâce !*

Mais c'est toujours à Naples que le culte de sainte Philomène brille de son plus radieux éclat. Naples a changé de maître... mais j'aime à croire que rien n'est changé encore dans la foi naïve, expansive et confiante du peuple napolitain envers la Madone et les saints protecteurs de la cité. Il est plus facile d'annexer un territoire à un autre pays par le droit de la force que de détruire dans le cœur d'un peuple qui travaille et qui souffre la foi dans la puissante protection de ses saints patrons et amis du ciel.

A Naples donc, le voyageur chrétien

eut toujours contempler, à côté de la
igure grave et si populaire de saint Jan-
ier, cette autre figure douce et touchante
e sainte Philomène, dont la seule vue
éjouit et console. C'est Naples surtout qui,
ar des honneurs plus fréquents et des
ommages de toutes sortes, veut dédom-
nager l'illustre martyre des longs siècles
l'oubli où languit sa mémoire. L'image de
a chère sainte brille dans la plupart des
rois cents églises de la splendide cité. Elle
rille encore dans la plupart des maisons,
t sur la voie publique elle a la place d'hon-
eur au fond des larges tables où se vend,
vec le fruit du citronnier, le mets fari-
eux cher au peuple napolitain. On la re-
rouve encore, cette image tant aimée, en
uise de blason et d'armes de noblesse,
ur ces légères voitures qui sillonnent les
ourdissants quartiers et les quais de
aples, et d'une course rapide emportent
voyageur à Baïes, à Portici, à Pouzzoles,

au tombeau de Virgile, au pied du Vésuv
ou aux ruines de Pompéi... Ainsi le sou
venir de sainte Philomène est ici mêlé
presque tous les actes de la vie, et c
souvenir conserve à l'âme sa dignité, e
lui renvoyant toujours quelques pensée
du ciel au milieu des pensées de la terr
C'est un rayon lumineux sur leque
brillent ces mots : *Consolation, courag*
confiance...

Redisons donc ici avec le pieux poëte d
Saluces : « Ah! non, ceux qui porten
humblement leurs hommages à une sainte
se souvenant qu'elle est sainte, ne sont pa
prompts aux œuvres et aux pensées viles
Au souvenir de ces vertus sublimes, quell
reconnaissance ne sent-on pas pour ce
Dieu qui élève les mortels à une dignité s
grande?... Ton sépulcre présent en no
jours nous dit, ô Philomène, les suprême
douleurs souffertes hardiment pour la vé
rité! Et pourrions-nous ne pas croire qu

tu ajoutes à la puissance des prières de ceux qui, prosternés devant toi, demandent d'avoir un cœur semblable au tien?... Ah! malheur à l'œil trouble qui voit dans nos cultes aimants et généreux fourberie et sottise, et qui, pour cela se croit pénétrant[1] ! »

1. Poésies de Silvio Pellico, de Saluces.

CHAPITRE VI

La chapelle de sainte Philomène dans l'église d'Ars

Nous voici ramenés enfin au cœur de notre sujet. C'est en effet le tableau d'une union mystique et féconde en œuvres merveilleuses entre deux saintes âmes, l'une au ciel, l'autre encore sur terre, qui doit faire l'objet de cette étude. Mais connaissant déjà l'histoire de l'une, il nous fallait rappeler le souvenir de l'autre... Les voilà donc toutes deux réunies sur ce petit coin de terre privilégié : l'une en est le pasteur visible ; l'autre, qui y réside par quelques parcelles de son corps, en sera la patronne et la protectrice invisible; toutes deux, sous les voiles de l'humilité et de la charité, agiront de concert pour la guérison des pauvres malades et pour la conversion des pauvres pécheurs...

Lorsque M. Vianney arriva dans la paroisse d'Ars, il trouva sa petite église, aujourd'hui si riche en tableaux, sculptures, châsses et reliquaires, bien nue et bien froide. Son cœur de pasteur souffrit de ce dénûment, et il conçût dès lors un plan de restauration que, plus heureux que beaucoup d'autres curés de campagne, il a pleinement réalisé selon ses désirs.

Si la reconnaissance, comme on dit, est la vertu des belles âmes, elle doit être surtout la vertu des Saints. On ne s'étonne donc plus des bienfaits de sainte Philomène en faveur du curé d'Ars. Que n'a point fait le digne pasteur pour étendre son culte et en rehausser l'éclat! Quand

M. Vianney prit possession de la cure d'Ars, le culte de la vierge des catacombes, introduit en France depuis quelques années seulement, et déjà consacré par de nombreux miracles, y faisait chaque jour de nouveaux progrès. Mais quel autre a mieux contribué que le saint curé d'Ars à populariser dans notre pays le nom et la mémoire de l'illustre martyre? Il avait senti de bonne heure naître en son âme la plus tendre et la plus filiale dévotion envers elle : jugeant avec raison qu'elle pouvait devenir la puissante protectrice de son troupeau, le zélé pasteur l'en établit gardienne et patronne. Il voulut donc, après s'être acquitté envers saint Jean-Baptiste, son patron, élever aussi dans son église un trône d'honneur à sainte Philomène. Il lui érigea un autel dans une chapelle qu'il enrichit de quelques-unes de ses reliques. Ce sanctuaire est devenu célèbre, comme il l'est encore de nos jours.

La chapelle de sainte Philomène, dans l'église du village d'Ars, a été, en effet, pendant trente années, une source intarissable de grâces. Quel autre sanctuaire a été jamais plus fécond en prodiges ? Celui de Mugnano lui-même ne devrait-il pas porter envie à sa gloire, si l'envie avait quelque entrée dans les sanctuaires consacrés à Dieu et à ses Saints [1] ?

Rien de pieux, de touchant comme cette chapelle de sainte Philomène, dans l'église d'Ars. Il nous a été donné de nous y agenouiller un jour, et ce souvenir nous restera toujours cher. Mais ce qui parle surtout au cœur et forme la plus belle pa-

---

1. Ce n'est point ici le lieu de rapporter ces prodiges. Nous renvoyons, pour les récits à ce sujet, à l'excellente biographie *du curé d'Ars*, par l'abbé Monnin, l'un des livres les plus édifiants, et qui ont eu le plus de succès de nos jours. Disons seulement que ces prodiges sont attestés par les nombreux *ex-voto* de la chapelle, et que les révoquer en doute serait nier l'évidence même.

ure de ce sanctuaire, c'est un nombre rodigieux *d'ex-voto*; ce sont des images n cire représentant des membres infir- nes rendus à leur état normal, de petits adres et tableaux divers tapissant de haut n bas les trois façades ; c'est surtout un .mas de béquilles de toutes grandeurs, de outes formes, devenues désormais inuti- es. L'heureux pèlerin, en s'en retournant ;uéri, aime à laisser dans la bien-aimée hapelle ces bienfaisants supports qui ont uppléé à la faiblesse de membres arides, t ils restent là sur les murs, comme un émoin visible des guérisons miraculeuses btenues par le crédit de la grande sainte.

Une lampe allumée devant l'autel de ainte Philomène n'est pas l'ornement le moins précieux du vénérable sanctuaire. L'huile qu'elle renferme, déposée dans de petits flacons que les pèlerins, après les avoir fait bénir par le curé d'Ars, empor- saient dans leurs demeures, avaient une salutaire vertu. On en oignait avec confiance les membres débiles et malades des personnes qui n'avaient pu faire elles-mêmes le voyage d'Ars, et l'on assure qu'un grand nombre de guérisons merveilleuses ont été ainsi obtenues.

Lorsque le pèlerin entre, aujourd'hui encore, dans la petite église du village, il voit toujours dans la chapelle de sainte Philomène quelques pieux fidèles priant à genoux avec une confiance qui doit toucher le cœur de la puissante patronne. On n'a point oublié que les nombreuses guérisons opérées ici même, devant les reliques de l'illustre sainte, ont été l'origine et l'une des principales causes du grand concours des pèlerins dans le village d'Ars. Le saint curé a disparu de la terre, il est allé rejoindre au ciel sa bien-aimée protectrice... Mais la sainte est restée là encore avec sa puissance et sa bonté. Quelques-unes de ses reliques sont dans ce sancuaire, non loin de la dépouille mortelle du bien-aimé pasteur qui fut si longtemps son confident et son ami... Cette chapelle est donc aujourd'hui encore chère aux fidèles... Nulle autre part, peut-être, sainte Philomène n'est plus honorée ; c'est l'un de ces asiles vénérables et saints où il semble qu'on soit plus rapproché du ciel, et d'où la prière semble elle-même s'élever plus prompte et plus pure vers le souverain dispensateur de tous les biens.

Mais pendant que sainte Philomène est encore, comme elle était naguère, singulièrement chère aux pèlerins d'Ars, qui l'invoquent avec espérance et amour, revenons vers son bienheureux serviteur, pour étudier de plus près les secrets de la tendre et filiale dévotion qu'il ressentait lui-même pour la bienfaisante protectrice et patronne de sa chère paroisse !

CHAPITRE VII

Le curé d'Ars et sainte Philomène

Après la très-sainte Vierge, le canal de toutes les grâces, et que le curé d'Ars, à l'exemple de tous les grands serviteurs de Dieu, honorait d'un culte particulier, sainte Philomène était donc pour lui l'objet d'une vénération toute spéciale et d'une confiance sans bornes. Marie! c'était sa mère toute-puissante par son intercession! Philomène, sœur des Anges, c'était pour lui comme une sœur bien-aimée qu'il avait entrevue dans le céleste séjour, couronnée

de gloire et de bonheur, et lui offrant son
appui pour la mission divine confiée à se
soins. Un saint commerce s'était donc éta-
bli entre la jeune et illustre martyre et ce
pauvre curé de campagne; commerce doux
et familier comme est quelquefois ici-bas
celui d'un frère et d'une sœur tendrement
unis, mais empreint d'un caractère divin
qui en relevait encore l'éclat et la sua-
vité.

Comment s'était formée cette union sainte
et mystique? Elle naquit sans doute du
regard d'un cœur pur, se portant vers le
ciel avec un triple sentiment d'admiration,
d'amour et de confiance. « Un cœur pur
pénètre le ciel et l'enfer, » a dit l'auteur de
l'*Imitation*..... Ne peut-on pas croire que
l'humble pasteur, pressentant les merveilles d'Ars, a dit un jour à la jeune
sainte : « Je t'honorerai et te ferai honorer
de tout mon pouvoir; mais en retour tu
seras la patronne, l'amie de mon troupeau

et, de plus, le voile derrière lequel je me cacherai pour dérober à la vue des hommes l'éclat de l'honneur qui pourrait me revenir. » La thaumaturge du ciel, honorant à son tour l'humilité du saint prêtre, aurait donc accepté à son profit, pour l'honneur des saintes reliques, la responsabilité des grandes choses qui allaient s'opérer... « La vérité est, remarque ici M. Monnin, que le plus touchant accord n'a cessé de régner entre sainte Philomène et son illustre client. Elle accordait tout à ses prières; il ne refusait rien à son amour. »

Ce saint commerce, entre ciel et terre, de deux belles âmes, forme l'un de ces tableaux ravissants que présentent les harmonies chrétiennes et qu'on découvre de loin en loin dans la vie des grands serviteurs de Dieu. Oui, la sainte thaumaturge était comme le voile, le manteau sous lequel l'humble prêtre cachait tout le merveilleux qui brillait presque chaque jour

dans la paroisse d'Ars ! Il n'en aimait
n'en vénérait que plus encore la puissan
sauvegarde de son humilité, aimable
délicate fleur qu'il cultivait avec un si gran
soin..... C'était donc sur le compte de l'il
lustre martyre qu'il mettait les guérison
miraculeuses opérées dans sa chapelle o
partout ailleurs. Quant à lui-même, il en
tendait n'y être pour rien : cela ne le re
gardait nullement.

« Tous ces bons pèlerins, disait-il, arri
vent bien disposés, pleins de confiance e
de foi ; ils prient, et les prodiges s'opèren
en grand nombre... » Il racontait lui
même ces prodiges avec une simplicit
charmante, comme spectateur seulement
« Mes enfants, disait-il un jour à son in
struction de midi, « cette semaine il s'es
« opéré ici quatorze miracles par l'*entre-
mise de sainte Philomène*. C'est en ces termes ou en d'autres semblables qu'il annonçait les grâces obtenues du ciel, pou

inviter les assistants à la reconnaissance.
Invoquer sainte Philomène en venant vé-
mérer ses précieuses reliques, c'était donc
le but du voyage de tant de visiteurs et de
pèlerins. « Je ne suis vraiment pour rien
« dans ce concours, assurait le bon curé.
« Par accident ou par circonstance, on
« vient se confesser à moi, *pécheur*,
« comme comprenant mieux sans doute
« le langage des *pauvres pécheurs* que les
« confesseurs avancés dans la perfection.
« Voilà tout. »

Une fille percluse étant venue un jour à
Ars, racontait *qu'en voyant M. le Curé* elle
s'était trouvée parfaitement guérie. Toute
joyeuse, elle s'acheminait déjà vers la chapelle de sainte Philomène, pour y suspen-
dre sa béquille à son tour..... Mais l'humble prêtre, l'ayant entendue parler ainsi,
avait été vivement peiné de ce langage :
« Ma fille, lui dit-il, je vous défends ex-
« pressément de laisser ici votre bé-

« quille. » Et il lui ordonna de la remporter, bien qu'elle lui fût devenue désormais inutile.

On sait quel nom familier le curé d'Ars aimait à donner à sainte Philomène. Il l'appelait *sa chère petite sainte*. Ce nom, qu'elle s'était mérité par ses bienfaits, semblait la constituer désormais dans une sorte de dépendance des désirs et des volontés de son dévot serviteur. Le curé d'Ars l'appelait aussi son *consul au ciel*, son *chargé d'affaires*, son *prête-nom*, titres d'honneur et de confiance qui signifiaient tous une mission imposée par le thaumaturge de la terre à la thaumaturge du ciel. Celui-ci n'entendait pas qu'elle y fût infidèle. Une des directrices de la Providence d'Ars, atteinte d'une fièvre maligne, et que les médecins avaient abandonnée, fut tout à coup guérie, pendant que le saint curé lui faisait la recommandation de l'âme. Il avait prié pour sa guérison. On lui avait entendu

dire la veille : « J'ai presque grondé sainte
« Philomène. J'ai été tenté de lui repro-
« cher la chapelle que j'ai fait bâtir en son
« honneur. »

Mais rassurons-nous, s'il était quelquefois tenté de *gronder sa chère petite sainte*,
c'était bien moins pour ne pas céder toujours à ses vœux que pour les écouter, au
contraire, trop fréquemment. Jamais peut-
être une sainte du Paradis ne fut plus
prompte à écouter favorablement la prière
d'un mortel ici-bas. Que de guérisons extraordinaires se sont opérées au village
d'Ars ! Le nombre en est incalculable. Le
vénérable curé se plaignait parfois que la
sainte les multipliât trop ; il la conjurait
donc de vouloir bien *aller faire ses miracles
plus loin*; ils lui attiraient trop de monde ;
il souffrait avec peine le retentissement de
tant de prodiges dans sa paroisse. Nous
emprunterons à son biographe un trait
charmant à ce sujet.

« Une femme du peuple vint un jour à Ars, portant à son cou un enfant de huit ans, qui ne marchait pas. Le bon curé bénit cet enfant et adressa à la mère des paroles de consolation et d'espérance. Après qu'ils furent rentrés tous deux dans le gîte qu'ils avaient choisi pour la nuit : « Mère, dit « l'enfant, vous m'achèterez des sabots, « parce que M. le curé m'a promis que je « marcherais demain. » Soit que vraiment le saint curé eût fait cette promesse au petit malheureux, soit que celui-ci l'ait conclu, dans sa naïve confiance, des paroles et des regards d'encouragement qu'il avait reçus, les sabots furent achetés... Or, le lendemain, à la stupéfaction générale, l'enfant qu'on avait vu porté si péniblement sur les bras de sa mère, courait dans l'église comme un lièvre, disant à qui voulait l'entendre : « Je suis guéri ! je suis guéri ! » La pauvre mère cachait dans l'ombre d'une chapelle sa joie, son trouble et ses larmes.

Nous la vîmes, nous l'interrogeâmes, nous voulûmes la présenter au saint curé, au moment où il se préparait à dire la messe. Cette femme avait besoin de le voir, de lui parler, de se jeter à ses pieds... Sa reconnaissance l'étouffait. M. Vianney accueillit cette demande avec un silence froid et presque sévère qui ne nous permit pas d'insister. Après la messe, nous fîmes une nouvelle tentative plus heureuse : « Monsieur le curé, lui dîmes-nous, cette femme « vous prie de l'aider à remercier sainte « Philomène. » Il se retourna et bénit silencieusement la mère et l'enfant. Puis, de l'air le plus désappointé et sur le ton du mécontentement le plus sincère : « Sainte « Philomène, dit-il, aurait bien dû guérir « ce petit chez lui ![1]... »

Le plus souvent, le curé d'Ars conseillait aux pèlerins une neuvaine au Saint-Esprit

1. *Le Curé d'Ars*, par M. Monnin.

ou au saint Cœur de Marie pour les néces-
sités de l'âme ; et pour les guérisons cor-
porelles il donnait une médaille de sainte
Philomène, en recommandant de faire une
neuvaine à cette *bonne petite sainte*... Mais
la thaumaturge s'acquittait si bien de cette
portion de sa charge que le pasteur, émer-
veillé, cherchait parfois à modérer son es-
sor vers ce côté, pour le détourner vers
d'autres misères plus dignes encore de pitié.
« J'ai demandé à sainte Philomène, disait-
« il dans son langage simple et naïf, de ne
« pas tant s'occuper des corps, et de pen-
« ser un peu plus souvent aux âmes, qui ont
« plus besoin d'être guéries. »

La conversion des pauvres pécheurs !...
C'était toujours là, en effet, l'œuvre de pré-
dilection du saint prêtre, l'insigne grâce
qu'il demandait constamment à sainte Philomène... Combien de conversions n'a-t-il
pas aussi obtenues par elle ! — « Les âmes,
« disait-il un jour à un pèlerin, il me faut

« les âmes ! Je ressemble, voyez-vous, au
« porc-épic qui se roule à terre pour ramas-
« ser des pommes. Moi, je me roule à terre
« pour ramasser des âmes... » Il était heureux de ses souffrances en songeant qu'elles
n'étaient point perdues : « Je souffre dans
« le jour, disait-il, pour les pauvres pé-
« cheurs, et la nuit, pour les âmes du Pur-
« gatoire. » O charité des saints !...

CHAPITRE VIII

Sainte Philomène patronne de la paroisse et du curé d'Ars

Heureuses les églises de campagne qui possèdent sous leurs modestes voûtes les reliques d'un saint martyr! L'or, le marbre, les belles sculptures, les toiles des grands artistes n'y brillent nulle part peut-être; le voyageur qui voit de loin leur petit clocher, dépassant de peu les maisonnettes du village, ne songe point à y entrer... mais qu'importe? Dès que ces temples rustiques sont dotés de la dépouille sacrée d'un martyr, ils sont assez riches, ils ont un magnifique trésor, plus précieux que les diamants et que tous les ouvrages des hommes. Pourquoi en est-il ainsi? Écoutons les paroles du concile de Trente :

Les corps des martyrs et des autres saints entrés en possession de la vie glorieuse de J.-C. sont dignes du respect et de la vénération des fidèles. La raison qu'en donne le concile, *c'est que ces corps ont été les membres vivants de J.-C. et le temple de l'Esprit-Saint ; c'est que le même Dieu doit un jour les ressusciter à une éternelle vie et les doter d'une éternelle gloire, et que par eux enfin il plaît à la divine bonté d'accorder aux hommes de nombreuses faveurs* [1].

Au simple énoncé d'une définition si sage, si motivée, si précise, on comprend déjà la distance immense qui sépare le culte des reliques de toute pratique superstitieuse ou profane. Cette définition chétienne nous

1. *Concil. Trident,* sess. 25.

apprend en même temps quelle est la valeur de ce riche trésor.

« Ne faut-il pas, dit à ce sujet un illustre pontife, se prévenir étrangement, ou plutôt s'aveugler volontairement, pour voir ici autre chose que l'expression et le sentiment légitime de la piété la plus respectable et la plus pure ? Eh quoi ! la nature seule nous rend chers et sacrés les êtres que nous avons aimés ; le sentiment de la patrie nous fait considérer avec respect, chercher avec passion les moindres vestiges des grands citoyens qui l'ont honorée par leurs vertus, éclairée par leur génie, sauvée par leur courage ; on veut posséder leurs portraits, on aime à lire les caractères que leur plume a tracés, et la religion ne nous commanderait aucun devoir envers les restes de ces martyrs, de ces confesseurs, de ces Vierges généreuses, *qui ont glorifié et porté Dieu dans leurs corps*[1], *et représenté dans leur-chair la mortification de J.-C.* [2] ; envers ces sacrés ossements qui jettent une odeur de vie et respirent comme un parfum de vertu ; envers cette illustre poussière où l'Éternel a déposé un germe de résurrection et une semence de gloire incorruptible! Il y a un culte domestique pour les souvenirs de la famille ; il y a un culte civil pour l'enveloppe terrestre des bons rois, pères de leurs peuples, des grands hommes, bienfaiteurs de l'humanité ; et l'on n'admettrait pas un culte religieux pour la sainte dépouille de *nos pères dans la foi, qui ont instruit les peuples des leçons de la véritable sagesse*[3], *et qui nous transmettent encore les mêmes oracles à travers les ombres du trépas*[4]! Et ce qui serait, dans toute autre cause,

1. I Cor. VI, 20.
2. II Cor. IV, 10.
3. Eccles., XLIV, 1, 4.
4. Hebr., XI, 4.

convenance, devoir, justice, deviendrait ici erreur, vaine observance, crime et impiété! Ah! toute l'âme se soulève et se révolte à une semblable proposition... 1. »

La petite église d'Ars est riche en reliques autant et plus peut-être que plusieurs de nos magnifiques cathédrales. Le saint pasteur, rempli d'une singulière estime pour ce genre de trésors, s'était complu à en décorer la maison de Dieu; comme aussi sa chapelle de la *Providence,* et sa modeste chambre elle-même. On lui a entendu dire un jour, d'un grand air de satisfaction, qu'il avait plus de *cinq cents* reliques. Mais, entre toutes, celles de sainte Philomène, déposées et vénérées dans une élégante châsse, lui étaient particulièrement chères. Avec quel recueillement et quelle touchante confiance il venait se prosterner et prier devant elles,

1. Le card. Giraud, *Instr. past. sur le culte des reliques.* Mars 1839.

dans sa chapelle bien-aimée. Le charitable pasteur venait souvent aussi dire la messe à l'autel et auprès des reliques de la sainte, pour obtenir plus sûrement les grâces qu'on demandait à ses prières. Durant toute l'octave de la fête de l'illustre martyre, au mois d'août, il avait coutume d'y célébrer le saint sacrifice. Il en fut ainsi chaque année jusqu'à celle où, six jours avant l'heureuse fête, le vieux pasteur quitta la terre, rappelé au ciel par l'illustre martyre, qui voulait cette fois l'associer à l'honneur de son triomphe.

Mais cette année-là même (1859), les paroissiens d'Ars, au milieu de leur deuil, n'en ont pas moins fêté leur bienfaisante patronne, en face du cercueil chargé de fleurs qui renfermait les restes de leur père vénéré. « Aujourd'hui, fête de sainte Philomène, écrivait ce jour-là même un digne missionnaire, le concours a été énorme dans l'église d'Ars, les communions

nombreuses, les tribunaux de la pénitence
assiégés; tout le monde sentait que c'était
là un hommage dû à la mémoire du *bon
saint*, il aimait tant *sa chère petite sainte!* »

Par ses reliques d'abord et ensuite par
ses nombreux bienfaits, la vierge des catacombes avait donc conquis droit de cité
dans la petite paroisse d'Ars. Tous les paroissiens l'appelaient leur puissante patronne. Ce nom est celui qu'ils lui donnent
encore et qu'ils lui donneront toujours...
Quoi donc! la source de ses bienfaits se
serait-elle donc tarie parce que l'homme
de Dieu qui en était le visible instrument a
disparu du monde? Non, gardons-nous de
le croire. La sainte patronne de ce coin de
terre privilégié sera toujours sa douce et
puissante protectrice, tant qu'elle y sera
dignement invoquée. Ne devons-nous pas
même espérer que cette protection aura un
nouveau degré de puissance, unie désormais à celle du saint prêtre, son vénérable

ami et confident ici-bas, devenu aujour
d'hui sans doute son compagnon de gloir
et de félicité ?

L'eau bienfaisante que l'on va cherche
pour les infirmes et les malades, dans l
creux de quelque montagne, peut bie
quelquefois se tarir... mais la source de
grâces qu'amènent dans un sanctuaire le
reliques d'une sainte martyre est intarissable. Le patronage de ces héros de la fo
a la durée de leur bonté et de leur puissance, et ces deux attributs sont immor-
tels. Les bienfaits passés de sainte Philomène, dans sa chapelle d'Ars, sont don
comme un présage et le gage de ses bienfaits futurs... Et combien n'en a-t-elle pas
répandu sur ce petit village où elle est encore tant aimée, tant honorée !

Si le Curé d'Ars et ses paroissiens se sont
toujours montrés fidèles au culte de leur
sainte patronne, quelle n'a pas été, de son
côté, sa fidélité constante à les servir, à les

protéger contre les périls, à veiller en toute
rencontre sur le pasteur et sur le troupeau !
Quelle autre patronne céleste a jamais rempli plus dignement la mission d'honneur
qui lui fut confiée ! Voyez comme dans ses
tentations, dans ses épreuves, dans ses
maladies, elle veille sur son vénérable
ami pour le soutenir, le défendre ! Voyez
comme elle ramène miraculeusement ce
tendre père au milieu de ses enfants, des
portes du tombeau où il semblait prêt à
descendre [1] ! N'est-ce pas elle encore qui
le ramène parmi les siens, après ces ten-
tatives de fuite de l'humble pasteur, dé-
voré de l'idée de s'enfuir à la Trappe, au
Carmel, à la Grande-Chartreuse ou dans
un lointain désert, *pour y pleurer sa pauvre
vie et essayer si le bon Dieu voudrait bien encore
lui faire miséricorde?* Enfin, n'est-ce pas
elle qui conserve le pasteur à son troupeau,
lorsqu'on veut l'appeler à une cure plus

1. Voir sa Vie, livre III.

importante, et qui, après l'avoir protég
constamment jusque dans une vieilless
exempte d'infirmités, rend sa fin douc
et paisible, et lui tend, au dernier jour
voisin de celui de sa propre fête, sa mair
d'amie et de sœur pour l'inviter à venir au
ciel partager l'éclat de son triomphe?

« Mon Dieu ! qu'on sera bien en Paradis,
puisque déjà sur la terre la compagnie des
saints est si aimable, leur conversation a
tant de charme et de douceur!... » Cette ex-
clamation est souvent échappée aux missionnaires d'Ars, au sortir de quelques entretiens dans l'intimité du serviteur de
Dieu... Mais déjà le serviteur de Dieu n'é-
tait-il pas lui-même en Paradis, jouissant
de la compagnie des saints?... La *chère
sainte* était surtout sa fidèle compagne; et
il en fut ainsi de plus en plus jusqu'à la
fin...

« Leurs cœurs allèrent s'unissant de plus
en plus, dit son biographe, au point qu'il

y avait entre eux, dans ces dernières années, on le sait par des confidences réité-
rées, non plus une relation à distance,
mais un commerce immédiat et direct; et
dès lors le saint vivant eut avec la Bienheureuse la familiarité la plus douce et la
plus intime. C'était, d'une part, une perpétuelle invocation; de l'autre, une assis-
tance sensible et une sorte de présence
réelle[1]. »

Les doux rayons du soleil printanier venant caresser le front dépouillé du vieillard le raniment et semblent lui rendre
parfois sa jeunesse, sa gaieté et sa vigueur.
N'est-il pas permis de dire qu'il en a été
ainsi encore du rayonnement céleste de la
figure de notre sainte, vivant dans une familiarité intime avec le vénérable serviteur de Dieu? N'est-ce pas ce doux rayonnement qui lui a conservé enfin, par un

1. *Le Curé d'Ars*, liv. V.

suprême bienfait, cette heureuse jeunesse de l'âme qui est comme un printemps perpétuel, et dont parle ainsi, dans une touchante page, son historien et son ami :

« Jamais les travaux et les souffrances ne diminuaient en rien l'entrain de la conversation du curé d'Ars et ne le portaient à l'abréger. Sa gaieté et sa bienveillance semblaient au contraire s'accroître au milieu des infirmités de la vieillesse. Cette sombre période a été pour ainsi dire supprimée et remplacée par une fraîcheur d'imagination et de sentiment qui persistait sous les glaces de l'âge « comme l'éter-« nelle jeunesse de la vie bienheureuse...» M. Vianney n'a pas connu cette tristesse qui fait qu'en déclinant la vie devient silencieuse : tout se décolore, et l'âme elle-même reçoit de cette ombre qui s'étend sur toute chose une teinte mélancolique. Les entretiens que nous eûmes avec lui, deux mois avant sa mort, nous ont rappelé

souvent ce mot d'une femme dont la mémoire est justement célèbre et vénérée :
« Que les dernières pensées d'un cœur rem-
« pli de l'amour de Dieu ressemblent aux
« derniers rayons du soleil, plus intenses
« et plus colorés avant de disparaître [1]. »

1. Mme Swetchine. — *Le Curé d'Ars*, liv. V.

CHAPITRE IX

Deux belles âmes réunies au Ciel
Conclusion

Le 5 août 1859, à deux heures du matin, le curé d'Ars rendait paisiblement sa belle âme à Dieu... Quelques jours auparavant, on aimait à espérer encore : « Monsieur lé Curé, disait-on au vénéré malade, sainte Philomène, que nous allons mettre dans nos intérêts en l'invoquant de toutes nos forces, vous guérira encore cette fois, comme elle l'a fait, il y a dix-huit ans. — Oh ! sainte Philomène n'y pourra rien, répondit le saint vieillard. »

Il disait vrai : l'illustre thaumaturge avait rempli sa mission... Elle avait aidé, soutenu, fortifié le digne ouvrier au temps de la semence et du travail... Le temps heureux de la moisson était enfin arrivé... Parvenu au terme de sa longue course, l'infatigable ouvrier entendait déjà sur sa couche mourante ces douces paroles du divin Maître : *Courage, bon et fidèle serviteur, entre dans la joie de ton Seigneur* [1].

Il y est entré, et c'est là désormais, dans la joie de son Seigneur et bon Maître, que nous devons aller le chercher, réuni à l'illustre sainte qu'il a tant glorifiée ici-bas, et dont il partage maintenant la félicité.

Le pieux cardinal Bellarmin, dans son excellent ouvrage : *Du bonheur éternel des Saints,* après avoir parlé des neuf chœurs angéliques et expliqué leurs noms, s'exprime

____

1. S. Matth., xxv, 21.

ainsi : « Remarquons qu'à ces neuf chœurs d'anges viennent s'unir une foule de saints, si nombreux que personne ne peut les compter. Cette foule de saints forme aussi neuf chœurs : ce sont les patriarches et les prophètes, les apôtres, les martyrs, les confesseurs, les pasteurs, les docteurs, les prêtres et les lévites, les moines et les ermites, enfin les saintes femmes, vierges et épouses. Je te le demande, âme chrétienne, quel sera le bonheur d'être avec une si belle et nombreuse société ? Jérôme écrivant à Paulin, lui annonce qu'il a parcouru un grand nombre de provinces, visité les peuples, pour voir de ses yeux et entendre de ses oreilles ceux dont les livres publiaient au loin la célébrité. La reine de Saba est venue de l'extrémité de la terre visiter Salomon, attirée par sa haute réputation de sagesse. De toutes parts on accourait vers saint Antoine, au bruit de son éminente sainteté.

Que sera-ce donc, je te le demande, de voir, de ses propres yeux, des millions d'anges, des prélats célèbres, tant d'hommes d'une éclatante vertu, étroitement unis à la source du même bonheur, et de pouvoir tenir conversation avec eux? Je suppose qu'un ange laissât rayonner un peu de sa merveilleuse beauté sur cette terre d'exil ; qui ne viendrait pas pour la contempler? Quel spectacle s'offrira donc aux yeux dans le ciel, quand on y verra à la fois tous les anges d'un seul coup d'œil? Supposons encore qu'un prophète ou un docteur de l'Église descendît de la gloire céleste ; avec quelle avidité on prêterait l'oreille à ses paroles ! Eh bien ! au ciel, non-seulement on verra et l'on entendra un prophète, un apôtre, un docteur ; mais on verra et l'on entendra ensemble et en particulier tous les prophètes, tous les apôtres, tous les docteurs. *Il sera même possible de s'entretenir assidûment avec eux.* Vois, âme chrétienne, quelle joie le soleil tout seul répand sur la terre ! Quelle joie donneront donc des soleils innombrables, des soleils vivants, intelligents, transportés eux-mêmes du bonheur d'être dans *le Royaume de Dieu* [1] ? »

Le saint Curé d'Ars, son long pèlerinage terminé, est donc allé rejoindre au ciel sa *chère petite sainte*. Il a retrouvé ses bons saints tant aimés et cette foule d'élus de tous les temps, de tous les pays, dont il est venu grossir le nombre, mais avec quel bonheur a-t-il dû retrouver là-haut, et contemple-t-il aujourd'hui d'une vue claire et distincte, à travers l'essence divine, celle qu'il entrevoyait jusqu'ici à travers les rayons d'une foi vive et de la plus ardente charité ! Il a renoué dans la patrie avec l'illustre martyre, nous aimons à le croire, le saint commerce commencé et entretenu

1. *Du bonheur éternel des saints*, traduction le M. l'abbé David.

durant les longues années de l'exil, pour la
consolation de tant d'âmes, pour la guérison et la conversion d'un si grand nombre
de malades ou de pauvres pécheurs. Cette
pieuse union n'a nullement cessé, car les
grands serviteurs de Dieu conservent dans
le ciel leurs pensées, leurs sentiments,
leurs affections. Ils y perpétuent la chaîne
de leurs bienfaits par les mêmes moyens,
les mêmes instruments qu'ici-bas ; mais
seulement avec plus de crédit et de puissance.

Réunis aujourd'hui à la source des divines grâces, et s'y abreuvant à longs
traits, le Curé d'Ars et sainte Philomène
gardent un doux souvenir de leurs intimes
relations de la terre, et ils portent encore
un regard plein de tendresse sur le petit
coin du globe où la Providence a daigné
opérer par eux tant de merveilles. Quoi
donc ! ces merveilles seraient-elles moins

res aujourd'hui, lorsque, tous deux pro-
ternés devant le trône de Dieu, la vierge
martyre et le prêtre thaumaturge entre-
lacent leurs mains pour supplier le Roi
du ciel d'abaisser de plus en plus des
regards de miséricorde sur les malades,
les infirmes, les pécheurs, sur tous
ceux qui pleurent, souffrent et récla-
ment, par leur patronage, guérison, appui
et secours ?

Que conclure de ces pensées et de cette
étude hagiologique ? Le fruit général de
ces pages doit être une confiance filiale
dans la protection des saints. Leur fruit
particulier sera d'aimer, d'honorer, d'invoquer plus encore sainte Philomène, l'illustre martyre dont le secours est toujours si puissant dans le ciel. N'oublions
pas cependant que si les saints sont
nos appuis, ils sont aussi nos modèles,
et que le plus sûr moyen de nous les

rendre propices, c'est l'imitation de leu
vertus [1].

Enfin, un dernier fruit de cette étu
sera une vénération plus grande enco
pour le saint Curé, l'honneur du clergé
France, que l'Église, nous l'espéron
placera bientôt sur ses autels, pour l'ass
cier au culte de l'héroïque vierge des cata
combes.

———

Qu'on me permette de terminer par u
souvenir personnel. Le dernier dimanch
d'octobre 1859, moins de trois mois aprè
la mort du Curé d'Ars, en revenant de Lyo
à Paris, je me détournai de ma route pou
aller prier sur la tombe du vénéré pasteur
Je repartis du village vers le soir, touché
édifié de ce que j'avais vu et entendu. E

1. *Sancti... in subsidium per invocationem
in exemplar per imitationem...* (S. Bernard.)

pendant il y avait eu peu de pèlerins ce
ur-là[1]. Cette journée d'automne avait été
uvieuse et triste. Notre voiture, au retour,
ait cependant pleine de voyageurs. Par-
i eux se trouvaient avec une dame trois
nes filles, devisant entre elles avec l'a-
ndon et la franche gaieté qui vont si
en à cet âge. Parfois, pourtant, elles
ttristaient : « Ah ! comme c'est différent,
saient-elles ; qu'il y a peu de monde au-
rd'hui ! *Est-ce que désormais il en sera
jours ainsi ?*

— Non, non, rassurez-vous, jeunes filles,
vous aussi, pèlerins de tout âge, de toute

1. L'un de ces pèlerins était un jeune soldat,
e j'avais vu humblement agenouillé, priant
c ferveur et confiance près de la tombe du
é d'Ars. Ce jeune soldat, dont j'ai su depuis
nom, est aujourd'hui élève au grand sémi-
re de Tours. La grâce de Dieu l'a touché par
oix de son serviteur parlant à travers son
beau (*defunctus adhuc loquitur*). Il se pré-
e à devenir un soldat de Jésus-Christ dans
milice sacerdotale.

condition et de tous pays, vous tous qu
avez besoin du puissant secours d'un an
de Dieu... Et qui n'en a pas besoin ic
bas?... Non, rassurez-vous, il *n'en ser
point toujours ainsi.* Un jour, bientôt peu
être, de nombreux pèlerins, reprenant l
route d'Ars, un instant moins frayée, iror
vénérer les *reliques* du pauvre curé de can
pagne, proclamé *bienheureux* et *saint* pe
la voix de l'Église. Tel que *Mattaincourt,* i
Louvesc, Pibrac, Pouy dans les Lande
Amettes, etc., *Ars* va devenir à son tor
l'un de ces sanctuaires bénis et célèbre
où le Ciel honore la tombe ou le bercea
d'un grand serviteur de Dieu par des mer
veilles sans nombre, comme le furent se
bienfaits [1].

1. On lisait naguère dans l'*Echo de Notr
Dame de Fourvières :*
« Pendant les deux premières années qui on
suivi la mort de M. Vianney, on pouvait croir
que c'en était fait du pèlerinage, et que le con
cours passé ne se continuerait plus à Ars. O

Déjà même, si nous en croyons la voix publique, l'ère de ces merveilles a com-

n'y voyait plus apparaître que de rares pèlerins, et l'émigration gagnait non-seulement les petits industriels qu'avait attirés là pensée d'un négoce lucratif, mais encore les gens qui étaient venus y dresser leur tente, parce qu'il faisait bon en ce lieu, sous la protection et le regard du *saint*.

« Privé de son curé, qui en était tout l'attrait, Ars semblait complétement dépouillé de son ancien prestige et menacé de revenir à son premier état de pauvre village, marquant l'entrée de notre triste Dombes, du côté de la Saône. Mais ce n'était là qu'un effet passager. La confiance aidant, on reprit peu à peu, quoique dans des limites d'abord infiniment moindres, le chemin que cent mille pèlerins avaient appris à connaître, chaque année, du vivant du bon curé.

« On avait pu oublier un instant que les saints ne meurent pas; la foi du peuple des campagnes en a fait souvenir; et si les premiers pèlerins qui parurent alors n'étaient attirés que par la reconnaissance, d'autres ne tardèrent pas à les suivre, appelés par la renommée des prodiges qui s'accomplissaient encore sur le tombeau comme ils s'étaient réalisés si souvent sous les pas du saint prêtre. Une recrudescence bien marquée dans le concours des fidèles a

mencé; les pèlerinages d'Ars ont repris leur cours, et les pierres de la nouvelle

commencé surtout à se produire à l'apparition de la *Vie du curé d'Ars*, ce livre si goûté du public, qui reproduit si admirablement, avec tant de vérité et de relief, tous les traits, dans leurs petits détails, de cette sainteté si éminente. On peut vraiment dire que sa publication a consacré le pèlerinage : c'est à la lumière de ce livre, qui est devenu comme leur guide obligé, que les pèlerins accourent aujourd'hui en foule à Ars. Chaque jour, en effet, voit grossir l'affluence, et pendant le mois de mai dernier, le concours était tel qu'aux plus beaux des anciens jours, à ce point que les habitants ne se rappellent pas avoir jamais vu, à part le jour des funérailles de leur curé, plus de monde que n'en avait attiré la solennité de la Fête-Dieu. La place et l'église ne suffisaient pas aux visiteurs ; les logements étaient encombrés, et chaque maison disparaissait derrière une ceinture de voitures. Chose remarquable ! même dans le pêle-mêle de ces encombrements extraordinaires de gens, de chevaux et de véhicules se pressant tous sur un même point, chacun reste respectueux et calme, et c'est toujours le même silence recueilli.

« Ce ne sont certes ni la beauté du site, ni les splendeurs du paysage, encore moins le luxe

église qui s'élève sur la tombe de l'ange de ces campagnes chantent elles-mêmes

des hôtels et des logements qui attirent la multitude. Il est difficile de trouver un lieu ainsi visité par la foule où l'on fasse moins de frais pour l'attirer ou la retenir. Non-seulement le confort est ignoré à Ars, mais le nécessaire même y fait souvent défaut. Il est vrai qu'aujourd'hui on cherche à combler ce que certains appellent une lacune, une injure faite au progrès raffiné de notre époque. Déjà des constructions de pierre d'une certaine tournure, et qui promettent quelque appropriation intérieure plus en rapport avec les besoins du jour, s'élèvent à la place des anciennes chaumières de pisé. Oserons-nous le dire? nous sommes tentés de regretter cette tendance...

« Le pèlerinage ainsi reconstitué est désormais chose acquise à l'avenir. Il a sa base dans la reconnaissance et l'admiration des fidèles, dans la connaissance, aujourd'hui si répandue, grâce au livre dont nous venons de parler, de cette grande et pure figure de prêtre resplendissante dans son auréole de sainteté. Il a son fondement dans les faits consolants qui éclatent journellement, sur les lieux mêmes ou au loin, par l'intercession du glorieux mort. Un jour, le récit particulier de ces faits, étonnants pour les plus incrédules, sera livré au public, nous l'espérons. »

un cantique à sa louange, en proclamant
de nouveaux prodiges. Puissent ces prodiges, juridiquement constatés, hâter le
jour vivement attendu où l'Église de
France pourra contempler dans le Ciel un
bienfaisant astre de plus protégeant ses
destinées sur la terre [1].

Et vous, illustre sainte, vous qu'aimait,
honorait, invoquait si souvent le vénérable serviteur de Dieu, puisse votre aimable
culte s'étendre et s'accroître encore, en
même temps que le sien va commencer!
Agréez l'hommage de ces pages, qui n'a-
jouteront rien à votre gloire, mais rappel-

1. Il nous serait facile de rappeler plusieurs
miracles survenus à Ars dans ces derniers
temps, mais ce n'est point ici le lieu. Disons
seulement que, d'après des personnes dignes de
foi, un prodige analogue à celui de saint Janvier, de Naples, se produit en ce moment à
Ars : c'est la liquéfaction du sang du saint
Curé, recueilli dans des fioles. Nous nous bor-
nons à signaler le fait, laissant à l'autorité com-
pétente le soin d'en apprécier la valeur. »

leront à quelques-uns le souvenir de vos bienfaits. Daignez donc les accueillir, bonne et bienheureuse patronne, comme une petite fleur au doux parfum, qu'en ce jour, voisin de celui de votre fête, j'ose enlacer a votre immortelle couronne [1] !

1. Le pape Grégoire XVI a autorisé à célébrer le 11 août la fête de sainte Philomène, à cause du martyr saint Laurent, laquelle tombe également le 10 août. Au bréviaire romain, l'office de la sainte est cependant au 19 août.

15 août 1861.

NEUVAINE A SAINTE PHILOMÈNE

Chaque jour de la neuvaine dites les prières suivantes,
faites la méditation indiquée,
puis récitez les Litanies de sainte Philomène.

PRIÈRE.

O très-saint Philomène! thaumaturge de notre siècle, me voici prosterné devant ce trône auguste où la très-sainte Trinité vous a placée, avec la double couronne de la virginité et du martyre; je lève vers vous mes mains suppliantes. Quel spectacle de force et de constance ne donnâtes-vous pas au ciel, à la terre, aux anges et aux hommes, lorsque les Césars persécutaient les brebis du Sauveur et empourpraient l'Église du sang de tant de millions de martyrs ! L'ancre pesante qu'on attacha à votre cou, les eaux même dans lesquelles on vous précipita, n'ébranlèrent pas un seul instant la foi que vous aviez jurée à votre céleste époux. Lorsque la main cruelle du bourreau, armée d'un fouet meurtrier, déchirait votre corps virginal et en faisait ruisseler le sang, on ne vous vit ni pâlir ni pleurer ; les dards, les chaînes, le glaive même qui acheva le sacrifice et accéléra pour votre belle âme la juste possession de la gloire, ne purent abattre un seul moment l'ardeur de votre cœur généreux pour l'amant céleste qui était votre tout et vos délices. Maintenant le Seigneur, en récompense de vos cruelles souffrances pour la gloire de ce lis que vous conservâtes intact au milieu des épines du monde et pour la confusion de l'impiété de ce siècle corrompu, ce Dieu magnifique a voulu vous glorifier par la puissance de votre intercession. Du levant au couchant, du midi au nord, le bruit de vos prodiges se fait entendre ; les peuples vont en foule se réfugier sous les ailes de votre protection.

C'est donc à vous, je le répète, c'est à vous, illustre martyre, que je m'adresse ; je vous tends mes mains suppliantes. Ah ! du haut de la céleste patrie, daignez jeter un regard sur moi, votre très-humble serviteur (ou servante). O vierge pure, ô sainte martyre Philomène ! soulagez-moi dans mes afflictions ; fortifiez-moi dans les tentations ; préservez-moi dans les persécutions ; aidez-moi dans tous les dangers, mais surtout à l'heure terrible de la mort, lorsque j'aurai à combattre toutes les puissances de l'enfer, à ce moment redoutable et décisif d'où dépend mon éternité. Dans ces jours ténébreux, protégez la sainte Église, que l'impie menace à main armée ; déjouez les desseins des méchants, et maintenez les fidèles dans l'unité de l'Église catholique. Voilà ce que je demande par votre intercession. Ainsi soit-il.

PRIÈRE

Illustre vierge et martyre, bienheureuse sainte Philomène, dont le nom et les miracles sont connus jusqu'aux extrémités du monde, soyez sensible à ma confiance en votre intercession et au désir que j'ai de voir votre culte s'étendre dans tout l'univers.

Glorieuse vierge et martyre, je me réjouis avec vous de la puissance que le Seigneur vous a donnée pour la gloire de son nom et pour l'édification de son Église ; j'aime à vous voir si pure, si généreuse, si fidèle à Jésus, si élevée dans la gloire. Attirée par vos exemples à la pratique de la vertu, pleine d'espoir à la vue des récompenses accordées à vos mérites, je veux fuir le péché, et accomplir tout ce que Dieu me commande. Aidez-moi, grande Sainte, à obtenir une pureté à jamais inviolable, une générosité qui ne se refuse, pour l'amour de Dieu, à aucun sacrifice, un dévouement sans bornes à la foi catholique, et... (Nommez la faveur spéciale que vous désirez.) Ce Dieu si bon pour lequel vous avez donné votre sang et votre vie, ce Dieu qui m'a tant aimée ne refusera rien à vos prières. Ainsi soit-il.

MÉDITATIONS ET PRATIQUES

PREMIER JOUR

Sainte Philomène conserva dans toute sa beauté le lis de la virginité..... Ni les discours et les exemples les plus pervers, ni le monde et ses moyens de séduction, ni la persécution et les tourments, rien ne put altérer son amour pour la belle vertu. Quel beau modèle ! Puis-je le contempler sans être humiliée ? Que dois-je faire pour être pure aux yeux de Dieu dans l'état où m'a placée la Providence ?

Pratique. — Je m'humilierai à la vue de mes fautes passéees. Je m'efforcerai de réparer, le mieux que je le pourrai, les outrages que j'ai faits au cœur de mon Dieu.

DEUXIÈME JOUR

Sainte Philomène fut constamment pure et fidèle, parce, qu'elle sut mortifier ses inclinations, conserver dans l'usage de ses sens la modestie de Jésus-Christ, se tenir éloignée du monde et des occasions dangereuses du péché. Imité-je sa vigilance, son horreur du péché, sa mortification ?

Pratique. — Je fuirai ce qui m'a nui jusqu'à ce jour, je pratiquerai les vertus gardiennes de l'innocence, j'élèverai avec plus de soin mes pensées et mes affections vers le Seigneur.

TROISIÈME JOUR

Sainte Philomène entretint et accrut l'amour qu'elle avait pour la belle vertu par la prière, l'une des sources de la vie spirituelle, par son union avec Jésus-Christ dans la sainte communion, par le souvenir que son cœur était le temple de la Divinité ; j'ai les mêmes moyens à ma disposition, quel usage en fais-je ?

Pratique. — Je redoublerai de ferveur dans mes prières ; je dirai souvent que mes membres sont ceux de Jésus-Christ, et que mon cœur est le tabernacle de la Divinité.

QUATRIÈME JOUR

Sainte Philomène eut la gloire de mourir pour la foi ; elle souffrit les plus cruels supplices ; elle déploya dans les tourments une invincible patience. J'ai peu à souffrir ;

ai-je une patience inaltérable ? D'où vient tant de faiblesse ? Je veux, avec la grâce de Dieu, être plus patiente. Quel moyen dois-je prendre pour y parvenir ?

Pratique. — Je vais me montrer patiente dans les douleurs, les contrariétés, les peines qu'il plaira au Seigneur de me ménager. Je porterai mes regards sur l'image de Jésus-Christ crucifié, et je me dirai : Voilà mon modèle.

CINQUIÈME JOUR

Que voulaient ceux qui condamnèrent sainte Philomène à mourir au milieu des tortures ? La faire renoncer à la foi, lui faire fouler aux pieds les vœux de son baptême, lui faire suivre les exemples des apostats. Que veulent de moi, en bien des occasions, le démon, le monde et mes mauvais penchants ? Me faire commettre des fautes semblables. Le respect humain me fera-t-il manquer à mes devoirs et trahir mes serments ? O Dieu ! quelle honteuse lâcheté !... Je veux être tout à vous !

Pratique. — Je m'efforcerai de remporter la victoire sur le respect humain ; je répéterai souvent : il vaut mieux plaire à Dieu qu'aux hommes.

SIXIÈME JOUR

Sainte Philomène eut à mettre en pratique ces paroles du Sauveur : « Celui qui ne hait pas sa vie pour l'amour de moi ne peut être mon disciple. » Elle n'hésita pas, elle sacrifia tout, quelque langage que purent lui tenir le sang et la nature. Dans des occasions moins difficiles me montré-je digne de Jésus-Christ? Si Dieu et le monde me demandaient mon cœur, à qui donnerais-je la préférence? Je ne puis servir deux maîtres à la fois. J'ai donné mon cœur à Dieu, je ne le lui ravirai jamais pour le prostituer au démon.

Pratique. — Je m'efforcerai maintenant,

plus que jamais, de ne plaire qu'à Dieu et de faire toutes mes actions pour sa gloire. Loin de moi toute affection désordonnée, toute intention qui vicierait mes œuvres !

SEPTIÈME JOUR

Sainte Philomène, en mourant pour Jésus-Christ, eut à essuyer les railleries, les sarcasmes, les outrages de ses persécuteurs, de ses bourreaux et des spectateurs de son supplice. Elle n'en fut ni moins généreuse, ni moins constante, ni moins joyeuse dans l'offrande qu'elle fit de son cœur et de sa vie à Jésus-Christ. Si l'on m'offrait à boire une coupe bien amère, me sentirais-je assez de courage pour l'accepter avec reconnaissance ? Eh ! qu'importe que le monde nous dédaigne et nous méprise, si Dieu nous chérit comme ses enfants ? « Ne craignez pas, me dit l'Esprit-Saint, si vous avez quelque ressemblance avec Jésus-Christ dans vos souffrances, vous aurez un titre inappréciable à sa gloire. »

Pratique. — Je ne me laisserai plus émouvoir si l'on vient à me dire quelque parole brusque, piquante, offensante, etc. Il me semblera alors que Jésus-Chris m'invite à mettre la main à sa croix. Je me ferai gloire de marcher à sa suite.

HUITIÈME JOUR

Sainte Philomène disait en mourant : « Oui, je suis certaine que le souverain Juge me donnera, pour les biens périssables que je sacrifie à son amour, la couronne de justice qu'il m'a promise. » Elle mourut, cette digne épouse du Sauveur, et aussitôt elle alla s'asseoir sur le trône que le Seigneur lui avait préparé de sa propre main... Quand il s'agit de faire quelque sacrifice pour le Seigneur, suis-je animée par la pensée que Dieu me réserve une brillante couronne si je remporte la victoire ? Pour avoir le ciel, disaient les saints,

sacrifions volontiers la terre : tiendrai-je
un pareil un pareil langage ?...

Pratique. — Je m'imposerai quelque sacrifice volontaire ; je ferai promptement et
de tout mon cœur ceux qui sont attachés à
la pratique de mes devoirs.

NEUVIÈME JOUR

Après avoir tout sacrifié pour la gloire
de Jésus-Christ, sainte Philomène reçoit de
lui, dès ce monde, au delà du centuple de
ce qu'elle avait donné. Quel nombreux
concours de pèlerins se dirige vers ses divers sanctuaires ! que de grandeurs humi-
liées à ses pieds ! quel tribut de vénération
offert à ses précieux restes ! que sa puissance et sa gloire sont grandes ! C'est ainsi
que Dieu accomplit ses promesses. Oh ! si
j'accomplissais mes devoirs avec une
grande fidélité, quels avantages n'obtien-
drais-je pas ? Courage donc ! Je veux être

fidèle à servir le Seigneur, et il sera fidèle à me récompenser.

Pratique. — Je ferai aujourd'hui quelque œuvre de miséricorde en l'honneur de sainte Philomène. Je vais me disposer, par la confession, à recevoir dignement la sainte communion.

LITANIES

DE SAINTE PHILOMÈNE

———

Seigneur, ayez pitié de nous.

Jésus-Christ, ayez pitié de nous.

Seigneur, ayez pitié de nous.

Jésus-Christ, écoutez-nous.

Jésus-Christ, exaucez-nous.

Père céleste, qui êtes Dieu, ayez pitié de nous.

Dieu le Fils, rédempteur du monde, ayez pitié de nous.

Esprit-Saint, qui êtes Dieu, ayez pitié de nous.

Trinité sainte, qui êtes un seul Dieu, ayez pitié de nous.

Sainte Marie, reine des vierges,
Sainte Marie, reine des martyrs,
Sainte Philomène, vierge sage,
Sainte Philomène, vierge fidèle,
Sainte Philomène, vierge digne de toutes louanges,
Sainte Philomène, lis né parmi les épines,
Sainte Philomène, l'émule des Anges,
Sainte Philomène, miroir de la vraie piété,
Sainte Philomène, prodige d'innocence et de sainteté,
Sainte Philomène, prodige de patience dans les plus grands tourments,
Sainte Philomène, sanctuaire de toutes les vertus,
Sainte Philomène, victorieuse des tyrans,
Sainte Philomène, le modèle des vierges,
Sainte Philomène, l'appui des orphelins,
Sainte Philomène, la consolatrice des cœurs affligés,
Sainte Philomène, que les malades aiment à invoquer,
Sainte Philomène, la protectrice de tous ceux qui vous honorent,
Sainte Philomène, la gloire de Jésus-Christ, votre divin époux,

Sainte Philomène, dont la naissance récompensa la foi de vos parents,

Sainte Philomène, enfant de benédiction,

Sainte Philomène, qui avez été fille de la lumière,

Sainte Philomène, qui, jeune encore, fûtes agréable à Dieu par votre fidélité,

Sainte Philomène, qui vouâtes votre virginité à Jésus-Christ,

Sainte Philomène, chaste épouse de Jésus-Christ,

Sainte Philomène, fille chérie de la bienheureuse Vierge,

Sainte Philomène, miroir fidèle des vertus de Marie,

Sainte Philomène, sœur des Anges,

Sainte Philomène, colombe très-pure,

Sainte Philomène, dont le cœur fut constamment en garde contre la vanité,

Sainte Philomène, qui ne désirâtes de plaire qu'à Jésus-Christ,

Sainte Philomène, qui fîtes vos délices de la retraite et de la solitude,

Sainte Philomène, rose qui croît en silence pour le martyre,

Sainte Philomène, qui fîtes généreusement

Priez pour nous.

Priez pour nous.

à Dieu le sacrifice de vos affections les
plus chères,

Sainte Philomène, victime agréable à Dieu
et destinée au sacrifice,

Sainte Philomène, immolée à la fureur des
tyrans,

Sainte Philomène, inébranlable à la vue des
tourments,

Sainte Philomène, pleine de confiance en la
grâce de Dieu.

Sainte Philomène, consolée dans votre prison par la divine Marie,

Sainte Philomène, attachée à la colonne,

Sainte Philomène, flagellée comme votre
divin époux,

Sainte Philomène, percée d'une grêle de
dards,

Sainte Philomène, guérie miraculeusement
dans la prison,

Sainte Philomène, conduite pour être préci-
pitée dans le Tibre,

Sainte Philomène, miraculeusement transportée par les Anges sur le rivage,

Sainte Philomène, inaccessible, par la protection divine, aux dards enflammés,

Sainte Philomène, qui, par votre admirable

constance, avez converti les témoins de vos supplices,

Sainte Philomène, qui livrâtes généreusement votre tête au fer des bourreaux,

Sainte Philomène, puissante dans le ciel,

Sainte Philomène, qui possédez la couronne de la virginité et la palme du martyre,

Sainte Philomène, ornement de l'Église triomphante et militante,

Sainte Philomène, thaumaturge de notre siècle,

Sainte Philomène, célèbre par plusieurs miracles,

Sainte Philomène, l'œil de l'aveugle et le pied du boiteux,

Sainte Philomène, la santé des malades les plus désespérés,

Sainte Philomène, consolatrice des affligés,

Sainte Philomène, le soutien de la veuve et de l'orphelin,

Sainte Philomène, secours et asile des pauvres,

Sainte Philomène, libératrice des prisonniers,

Sainte Philomène, guide des voyageurs,

Priez pour nous.

Priez pour nous.

Sainte Philomène, aimable protectrice de
l'enfance,
Sainte Philomène, terrible au démon,
Sainte Philomène, dominatrice des puissan-
ces de la terre,
Sainte Philomène, secours et espoir de ceux
qui vous invoquent,
Du malheur de perdre la foi, préservez-nous,
sainte Philomène.
De la tiédeur au service de Dieu, préservez-
nous, sainte Philomène.
De l'amour du monde et de la vanité, préser-
vez-nous, sainte Philomène.
Du respect humain, préservez-nous, sainte Phi-
lomène.
Du malheur de préférer le service du monde
au service de Dieu, préservez-nous, sainte
Philomène.
Agneau de Dieu qui effacez les péchés du monde,
pardonnez-nous, Seigneur.
Agneau de Dieu qui effacez les péchés du monde,
exaucez-nous, Seigneur.
Agneau de Dieu qui effacez les péchés du monde,
ayez pitié de nous, Seigneur.

℣. Priez pour nous, vierge sainte, illustre
martyre.

℟. Afin que nous nous rendions dignes des promesses de Jésus-Christ.

Prière

Daignez, Seigneur Jésus, nous faire trouver dans la protection de sainte Philomène le secours que réclame notre indigence, afin que nous recevions par son intercession les grâces dont vous êtes la source, et qui nous sont nécessaires pour arriver à la sainteté. Nous vous en supplions, ô Dieu, qui vivez et régnez dans tous les siècles des siècles. Ainsi soit-il.

FIN

PRIÈRES

DURANT LA SAINTE MESSE

---

† *In nomine Patris, et Filii, et Spiritus sancti.*
Amen.

C'EST en votre nom, adorable Trinité, c'est pour vous rendre l'honneur et les hommages qui vous sont dus, que j'assiste au très-saint et très-auguste sacrifice.

Permettez-moi, divin Sauveur, de m'unir d'intention au ministre des autels, pour offrir la précieuse victime de mon salut, et donnez-moi les sentiments que j'aurais dû avoir sur le Calvaire, si j'avais assisté au sacrifice sanglant de votre Passion.

AU CONFITEOR

JE m'accuse devant vous, ô mon Dieu ! de tous les péchés dont je suis coupable.

Je m'en accuse en présence de Marie, la plus

pure de toutes les vierges, de tous les Saints e
de tous les fidèles, parce que j'ai péché en pen
sées, en paroles, en actions, en omissions, pa
ma faute, oui, par ma faute et par ma très-
grande faute. C'est pourquoi je conjure la très-
sainte Vierge et tous les Saints de vouloir in-
tercéder pour moi.

Seigneur, écoutez favorablement ma prière,
et accordez-moi l'indulgence, l'absolution et la
rémission de tous mes péchés.

AU KYRIE ELEISON

DIVIN Créateur de nos âmes, ayez pitié de
l'ouvrage de vos mains. Père miséricordieux,
faites miséricorde à vos enfants.

Auteur de notre salut, immolé pour nous,
appliquez-nous les mérites de votre mort et de
votre précieux sang.

Aimable Sauveur, très-doux Jésus, ayez compassion de nos misères, pardonnez-nous nos
péchés.

AU GLORIA IN EXCELSIS

GLOIRE à Dieu dans le ciel, et paix aux hommes de bonne volonté sur la terre. Nous vous
louons, Seigneur, nous vous bénissons, nous
vous adorons, nous vous rendons de très-hum-
bles actions de grâces dans la vue de votre
grande gloire, vous qui êtes le Seigneur, le souverain Monarque, le Très-Haut, le seul vrai
Dieu, le Père tout-puissant.

Adorable Jésus, Fils unique du Père, Dieu et Seigneur de toutes choses, Agneau envoyé de Dieu pour effacer les péchés du monde, ayez pitié de nous, et du haut du ciel où vous régnez avec votre Père, jetez un regard de compassion sur nous. Sauvez-nous, vous êtes le seul qui le puissiez, Seigneur Jésus, parce que vous êtes le seul infiniment saint, infiniment puissant, infiniment adorable, avec le Saint-Esprit, dans la gloire du Père. Ainsi soit-il.

A L'ORAISON

Accordez-nous, Seigneur, par l'intercession de la sainte Vierge et des Saints que nous honorons, toutes les grâces que votre ministre vous demande pour lui et pour nous. M'unissant à lui, je vous fais la même prière pour ceux et celles pour lesquels je suis obligé de prier ; et je vous demande, Seigneur, pour eux et pour moi, tous les secours que vous savez nous être nécessaires, afin d'obtenir la vie éternelle, au nom de Jésus-Christ notre Seigneur.

A L'ÉPÎTRE

Mon Dieu, vous m'avez appelé à la connaissance de votre sainte loi, préférablement à tant de peuples qui vivent dans l'ignorance de vos mystères ; je l'accepte de tout mon cœur, cette divine loi, et j'écoute avec respect les oracles sacrés que vous avez prononcés par la bouche de vos prophètes ; je les révère avec toute la

soumission qui est due à la parole d'un Dieu, e
j'en vois l'accomplissement avec toute la joie d
mon âme.

Que n'ai-je pour vous, ô mon Dieu! un cœu
semblable à celui des saints de votre ancie
Testament! que ne puis-je vous désirer ave
l'ardeur des Patriarches, vous connaître et vou
révérer comme les Prophètes, vous aimer e
m'attacher uniquement à vous comme les Apôtres!

A L'ÉVANGILE

CE ne sont plus, ô mon Dieu! les prophète
ni les Apôtres qui vont m'instruire de mes devoirs : c'est votre Fils unique, c'est sa parol
que je vais entendre. Mais, hélas! que me ser
vira d'avoir cru que c'est votre parole, Seigneu
Jésus, si je n'agis pas conformément à m
croyance? Que me servira, lorsque je paraîtra
devant vous, d'avoir eu la foi sans le mérite d
la charité et des bonnes œuvres?

Je crois, et je vis comme si je ne croyais pas
ou comme si je croyais un Evangile contrair
au vôtre. Ne me jugez pas, ô mon Dieu! su
cette opposition perpétuelle que je mets entr
vos maximes et ma conduite. Je crois, mais in-
spirez-moi le courage et la force de pratique
ce que je crois. A vous, Seigneur, en reviendr
toute la gloire.

AU CREDO

JE crois en un seul Dieu, le Père tout-puissant, créateur de l'univers, et en notre Seigneu

ésus-Christ, son Fils unique, parfaitement semblable à lui, saint, puissant, éternel, Dieu comme lui. Je crois que ce Fils adorable s'est fait homme pour l'amour de nous; qu'il a souffert, qu'il est mort, qu'il est ressuscité, qu'il est monté au ciel, qu'il descendra pour juger les hommes, et qu'ensuite il continuera un règne éternellement heureux.

Je crois au Saint-Esprit, Dieu comme le Père et le Fils, procédant de l'un et de l'autre, et partageant la même gloire avec eux, source de vie, auteur de la sanctification des hommes, et la lumière des Prophètes. Je crois une Eglise sainte, catholique, apostolique; un baptême institué pour la rémission des péchés; et, plein de confiance en la miséricorde de mon Dieu, j'attends la résurrection des morts et la vie éternelle. Ainsi soit-il.

A L'OFFERTOIRE

PÈRE infiniment saint, Dieu tout-puissant et éternel, quelque indigne que je sois de paraître devant vous, j'ose vous présenter cette hostie par les mains du prêtre, avec l'intention qu'a eue Jésus-Christ mon Sauveur lorsqu'il a institué ce sacrifice, et qu'il a encore au moment qu'il s'immole ici pour moi.

Je vous l'offre pour reconnaître votre souverain domaine sur moi et sur toutes les créatures; je vous l'offre pour l'expiation de mes péchés et en actions de grâces de tous les bienfaits dont vous m'avez comblé. Je vous l'offre enfin, mon

Dieu, cet auguste sacrifice, afin d'obtenir de votre bonté infinie, pour moi, pour mes parents, pour mes bienfaiteurs, mes amis et mes ennemis, ces grâces précieuses de salut, qui ne peuvent être accordées qu'en vue des mérites de Celui qui est le Juste par excellence, et qui s'est fait victime de propitiation pour tous.

Mais, en vous offrant cette adorable victime, je vous recommande, ô mon Dieu! toute l'Eglise catholique, notre saint Père le Pape, notre Evêque, tous les pasteurs des âmes, les princes chrétiens, et tous les peuples qui croient en vous.

Souvenez-vous aussi, Seigneur, des fidèles trépassés, et, en considération des mérites de votre Fils, donnez-leur un lieu de rafraîchissement, de lumière et de paix.

N'oubliez pas ô mon Dieu, vos ennemis et les miens; ayez pitié de tous les infidèles, des hérétiques et de tous les pécheurs. Comblez de bénédictions ceux qui me persécutent, et pardonnez-moi mes péchés comme je leur pardonne tout le mal qu'ils me font ou qu'ils voudraient me faire. Ainsi soit-il.

A LA PRÉFACE

Voici l'heureux moment où le Roi des Anges et des hommes va paraître. Seigneur, remplissez-moi de votre esprit; que mon cœur, dégagé de la terre, ne pense qu'à vous. Quelle obligation n'ai-je pas de vous bénir et de vous louer en tout temps et en tout lieu, Dieu du ciel et

e la terre, maître infiniment grand, Père tout-
uissant et éternel!

Rien n'est plus juste, rien n'est plus avanta-
eux que de nous unir à Jésus-Christ pour vous
dorer continuellement. C'est par lui que tous
es esprits bienheureux rendent leurs hommages
votre Majesté; c'est par lui que toutes les Ver-
us du ciel, saisies d'une frayeur respectueuse,
unissent pour vous glorifier. Souffrez, Sei-
neur, que nous joignions nos faibles louanges
celles de ces saintes intelligences, et que, de
oncert avec elles, nous disions dans un trans-
ort de joie et d'admiration :

AU SANCTUS

Saint, Saint, Saint est le Seigneur, le Dieu
es armées. Tout l'univers est rempli de sa
loire. Que les bienheureux le bénissent dans le
iel. Béni soit celui qui nous vient sur la terre,
ieu et Seigneur comme celui qui l'envoie.

AU CANON

Nous vous conjurons au nom de Jésus-Christ,
otre Fils et notre Seigneur, ô Père infiniment
iséricordieux! d'avoir pour agréable et de bé-
ir l'offrande que nous vous présentons, afin
u'il vous plaise de conserver, de défendre et de
ouverner votre sainte Église catholique, avec
us les membres qui la composent, le Pape,
otre Évêque, et généralement tous ceux qui
nt profession de votre sainte foi.

Nous vous recommandons en particulier, Seigneur, ceux pour qui la justice, la reconnaissance et la charité nous obligent de prier; tous ceux qui sont présents à cet adorable sacrifice, et particulièrement *N.* et *N.* Et afin, grand Dieu, que nos hommages vous soient plus agréables, nous nous unissons à la glorieuse Marie, toujours vierge, Mère de notre Dieu et Seigneur Jésus-Christ, à tous vos Apôtres, à tous les bienheureux Martyrs et à tous les Saints et Saintes du paradis.

Que n'ai-je en ce moment, ô mon Dieu! les désirs enflammés avec lesquels les saints Patriarches attendaient la venue du Messie! Que n'ai-je leur foi et leur amour! Venez, Seigneur Jésus, venez, aimable Rédempteur du monde, venez accomplir un mystère qui est l'abrégé de toutes vos merveilles. Il vient, cet Agneau de Dieu, voici l'adorable victime par qui tous les péchés du monde sont effacés.

A L'ÉLÉVATION

VERBE incarné, divin Jésus, vrai Dieu et vrai homme, je crois que vous êtes ici présent; je vous y adore avec humilité, je vous aime de tout mon cœur, et comme vous y venez pour l'amour de moi, je me consacre entièrement à vous.

J'adore ce sang précieux que vous avez répandu pour tous les hommes, et j'espère, ô mon Dieu! que vous ne l'aurez pas versé inutilement pour moi. Faites-moi la grâce de m'en appli-

quer les mérites. Je vous offre le mien, aimable
Jésus, en reconnaissance de cette charité infinie
que vous avez eue de donner le vôtre pour
l'amour de moi.

A LA SUITE DU CANON

Quelles seraient donc désormais ma malice
et mon ingratitude, si, après avoir vu ce que je
vois, je consentais à vous offenser ! Non, mon
Dieu, je n'oublierai jamais ce que vous me re-
présentez par cette auguste cérémonie : les souffrances de votre Passion, la gloire de votre Résurrection, votre corps tout déchiré, votre sang
répandu pour nous, réellement présent à mes
yeux sur cet autel.

C'est maintenant, éternelle Majesté, que nous
vous offrons de votre grâce, véritablement et
proprement, la victime pure, sainte et sans ta-
che qu'il vous a plu de nous donner vous-même,
et dont toutes les autres n'étaient que la figure.
Oui, grand Dieu, nous osons vous le dire, il y a
ici plus que tous les sacrifices d'Abel, d'Abraham et de Melchisédech ; la seule victime digne
de votre autel, Notre-Seigneur Jésus-Christ votre Fils, l'unique objet de vos éternelles com-
plaisances.

Que tous ceux qui participent ici de la bouche ou du cœur à cette sacrée victime, soient
remplis de sa bénédiction.

Que cette bénédiction se répande, ô mon
Dieu ! sur les âmes des fidèles qui sont morts
dans la paix de l'Eglise, et particulièrement sur

l'âme de *N.* et de *N.* Accordez-leur, Seigneu
en vue de ce sacrifice, la délivrance entière c
leurs peines.

Daignez nous accorder aussi un jour cet
grâce à nous-mêmes, Père infiniment bon,
faites-nous entrer en société avec les sain
Apôtres, les saints Martyrs et tous les Saint
afin que nous puissions vous aimer et vous glc
rifier éternellement avec eux. Ainsi soit-il.

AU PATER NOSTER

QUE je suis heureux, ô mon Dieu! de vou
avoir pour père! que j'ai de joie de songer qu
le ciel où vous êtes doit être un jour ma de
meure! Que votre saint nom soit glorifié pa
toute la terre. Régnez absolument sur tous le
cœurs et sur toutes les volontés. Ne refusez pa
à vos enfants la nourriture spirituelle et corpo-
relle. Nous pardonnons de bon cœur; pardonnez-nous. Soutenez-nous dans les tentations e
dans les maux de cette misérable vie; mais préservez-nous du péché, le plus grand de tous le
maux. Ainsi soit-il.

A L'AGNUS DEI

AGNEAU de Dieu, immolé pour moi, ayez pitié de moi. Victime adorable de mon salut, sau-
vez-moi. Divin médiateur, obtenez-moi ma
grâce auprès de votre Père! donnez-moi votre
paix.

A LA COMMUNION

Qu'il me serait doux, ô mon aimable Sauveur, d'être du nombre de ces heureux chrétiens à qui la pureté de conscience et une tendre piété permettent d'approcher tous les jours de votre sainte Table!

Quel avantage pour moi, si je pouvais en ce moment vous posséder dans mon cœur, vous y rendre mes hommages, vous y exposer mes besoins, et participer aux grâces que vous faites à ceux qui vous reçoivent réellement! Mais puisque j'en suis très-indigne, suppléez, ô mon Dieu! à l'indisposition de mon âme. Pardonnez-moi tous mes péchés; je les déteste de tout mon cœur, parce qu'ils vous déplaisent. Recevez le désir sincère que j'ai de m'unir à vous. Purifiez-moi d'un seul de vos regards, et mettez-moi en état de vous bien recevoir au plus tôt.

En attendant cet heureux jour, je vous conjure, Seigneur, de me faire participant des fruits que la communion du prêtre doit produire en tout le peuple fidèle qui est présent à ce sacrifice. Augmentez ma foi par la vertu de ce divin sacrement; fortifiez mon espérance; épurez en moi la charité; remplissez mon cœur de votre amour, afin qu'il ne respire plus que vous, et qu'il ne vive plus que pour vous.

AUX DERNIÈRES ORAISONS

Vous venez, ô mon Dieu, de vous immoler pour mon salut; je veux me sacrifier pour votre gloire. Je suis votre victime, ne m'épargnez point. J'accepte de bon cœur toutes les croix qu'il vous plaira de m'envoyer, et je les bénis; je les reçois de votre main, et je les unis à la vôtre.

Je sors purifié par vos saints mystères; je fuirai avec horreur les moindres taches du péché, surtout de celui où mon penchant m'entraîne avec le plus de violence. Je serai fidèle à votre loi, et je suis résolu de tout perdre et de tout souffrir plutôt que de la violer.

A LA BÉNÉDICTION

Bénissez, ô mon Dieu! ces saintes résolutions, bénissez-nous tous par la main de votre ministre; et que les effets de votre bénédiction demeurent éternellement sur nous. Au nom du Père, et du Fils, et du Saint-Esprit. Ainsi soit-il.

AU DERNIER ÉVANGILE

Verbe divin, Fils unique du Père, lumière du monde, venue du ciel pour nous en montrer le chemin, ne permettez pas que je ressemble à ce peuple infidèle qui a refusé de vous reconnaître pour le Messie. Ne souffrez pas que je tombe dans le même aveuglement que ces malheureux qui ont mieux aimé devenir esclaves de Satan que d'avoir part à la glorieuse adoption d'enfants de Dieu que vous veniez leur procurer.

Verbe fait chair, je vous adore avec le respect le plus profond; je mets toute ma confiance en vous seul, espérant fermement que, puisque vous êtes mon Dieu, et un Dieu qui s'est fait homme afin de sauver les hommes, vous m'accorderez les grâces nécessaires pour me sanctifier et vous posséder éternellement dans le ciel. Ainsi soit-il.

VÊPRES DU DIMANCHE

Deus, in adjutorium meum intende.
Domine, ad adjuvandum me festina.
Gloria Patri, et Filio, etc.

PSAUME 109

Dixit Dominus Domino meo : * Sede a dextris meis,

Donec ponam inimicos tuos * scabellum pedum tuorum.

Virgam virtutis tuæ emittet Dominus ex Sion ; * dominare in medio inimicorum tuorum.

Tecum principium in die virtutis tuæ in splendoribus Sanctorum, * ex utero ante luciferum genui te.

Juravit Dominus, et non pœnitebit eum : * Tu es Sacerdos in æternum, secundum ordinem Melchisedech.

Dominus a dextris tuis; * confregit in die iræ suæ reges.

Judicabit in nationibus, implebit ruinas : * conquassabit capita in terra multorum.

De torrente in via bibet : * propterea exaltabit caput.

Gloria Patri, etc.

Ant. Dixit Dominus Domino meo : Sede a dextris meis.

PSAUME 110

Confitebor tibi, Domine, in toto corde meo, * in concilio justorum et congregatione.

Magna opera Domini; * exquisita in omnes voluntates ejus.

Confessio et magnificentia opus ejus; * et justitia ejus manet in sæculum sæculi.

Memoriam fecit mirabilium suorum misericors et miserator Dominus : * escam dedit timentibus se.

Memor erit in sæculum testamenti sui; * virtutem operum suorum annuntiabit populo suo.

Ut det illis hæreditatem gentium; * opera manuum ejus veritas et judicium.

Fidelia omnia mandata ejus,

confirmata in sæculum sæculi; * facta in veritate et æquitate.

Redemptionem misit populo suo; * mandavit in æternum testamentum suum.

Sanctum et terribile nomen ejus; * initium sapientiæ timor Domini.

Intellectus bonus omnibus facientibus eum; * laudatio ejus manet in sæculum sæculi.

Gloria Patri, etc.

Ant. Fidelia omnia mandata ejus, confirmata in sæculum sæculi.

PSAUME 111

BEATUS vir qui timet Dominum; * in mandatis ejus volet nimis.

Potens in terra erit semen ejus; * generatio rectorum benedicetur.

Gloria et divitiæ in domo ejus; * et justitia ejus manet in sæculum sæculi.

Exortum est in tenebris lumen rectis; * misericors, et miserator, et justus.

Jucundus homo qui miseretur et commodat, disponet sermones suos in judicio; * quia in æternum non commovebitur.

In memoria æterna erit justus; * ab auditione mala non timebit.

Paratum cor ejus sperare in Domino, confirmatum est cor ejus : * non commovebitur donec despiciat inimicos suos.

Dispersit, dedit pauperibus; justitia ejus manet in sæculum sæculi; * cornu ejus exaltabitur in gloria.

Peccator videbit et irascetur, dentibus suis fremet et tabescet : * desiderium peccatorum peribit.

Gloria Patri, etc.

Ant. In mandatis ejus cupit nimis.

PSAUME 112

LAUDATE, pueri, Dominum; * laudate nomen Domini.

Sit nomen Domini benedictum * ex hoc nunc et usque in sæculum.

A solis ortu usque ad occasum * laudabile nomen Domini.

Excelsus super omnes gentes Dominus, * et super cœlos gloria ejus.

Quis sicut Dominus Deus noster, qui in altis habitat, * et humilia respicit in cœlo et in terra.

Suscitans a terra inopem, * et de stercore erigens pauperem,

Ut collocet eum cum principibus, * cum principibus populi sui.

Qui habitare facit sterilem in domo, * matrem filiorum lætantem.

Gloria Patri, etc.

Ant. Sit nomen Domini benedictum in sæcula.

PSAUME 113

In exitu Israel de Ægypto ; * domus Jacob de populo barbaro.

Facta est Judæa sanctificatio ejus ; * Israel potestas ejus.

Mare vidit, et fugit : * Jordanis conversus est retrorsum.

Montes exsultaverunt ut arietes, * et colles sicut agni ovium.

Quid est tibi, mare, quod fugisti ? * et tu, Jordanis, quia conversus es retrorsum ?

Montes, exsultastis sicut arietes ; * et colles, sicut agni ovium ?

A facie Domini mota est terra, * a facie Dei Jacob.

Qui convertit petram in stagna aquarum, * et rupem in fontes aquarum.

Non nobis, Domine, non nobis ; * sed nomini tuo da gloriam :

Super misericordia tua et veritate tua : * nequando dicant gentes : Ubi est Deus eorum ?

Deus autem noster in cœlo ; * omnia quæcumque voluit, fecit.

Simulacra gentium argentum et aurum, * opera manuum hominum.

Os habent, et non loquentur ; * oculos habent, et non videbunt.

Aures habent, et non audient ; * nares habent, et non odorabunt.

Manus habent, et non palpabunt ; pedes habent, et non ambulabunt ; * non clamabunt in gutture suo.

Similes illis fiant qui faciunt ea, * et omnes qui confidunt in eis.

Domus Israel speravit in Domino ; * adjutor eorum et protector eorum est.

Domus Aaron speravit in Domino ; * adjutor eorum et protector eorum est.

Qui timent Dominum, speraverunt in Domino ; * adjutor eorum et protector eorum est.

Dominus memor fuit nostri, * et benedixit nobis.

Benedixit domui Israel ; benedixit domui Aaron.

Benedixit omnibus qui timent Dominum ; * pusillis cum majoribus.

Adjiciat Dominus super vos ; * super vos et super filios vestros.

Benedicti vos a Domino, * qui fecit cœlum et terram.

Cœlum cœli Domino ; * terram autem dedit filiis hominum.

Non mortui laudabunt te, Domine ; * neque omnes qui descendunt in infernum :

Sed nos qui vivimus, benedicimus Domino, * ex hoc nunc, et usque in sæculum.

Gloria Patri, etc.

Ant. Nos qui vivimus, benedicimus Domino.

CAPITULE

BENEDICTUS Deus, et Pater Domini nostri Jesu Christi, Pater misericordiarum, et Deus totius consolationis, qui consolatur nos in omni tribulatione nostra.

R. Deo gratias.

HYMNE

Lucis Creator optime,
Lucem dierum proferens,
Primordiis lucis novæ
Mundi parans originem ;
 Qui mane junctum vesperi,
Diem vocari præcipis,
Illabitur tetrum chaos,
Audi preces cum fletibus.
 Ne mens gravata crimine,
Vitæ sit exsul munere,
Dum nil perenne cogitat,
Seseque culpis illigat.
 Cœleste pulset ostium,

Vitale tollat præmium,
Vitemus omne noxium.
Purgemus omne pessimum.
 Præsta, Pater piissime,
Patrique compar Unice,
Cum Spiritu Paraclito,
Regnans per omne sæculum.
 Amen.

V. Dirigatur, Domino, oratio mea.
R. Sicut incensum in conspectu tuo.

CANTIQUE DE LA SAINTE VIERGE

MAGNIFICAT * anima mea Dominum.
 Et exultavit spiritus meus * in Deo salutari meo.
 Quia respexit humilitatem ancillæ suæ : * ecce enim ex hoc beatam me dicent omnes generationes.
 Quia fecit mihi magna qui potens est, * et sanctum nomen ejus.
 Et misericordia ejus a progenie in progenies, * timentibus eum.

Fecit potentiam in brachio suo ; * dispersit superbos mente cordis sui.
 Deposuit potentes de sede, * et exaltavit humiles.
 Esurientes implevit bonis, * et divites dimisit inanes.
 Suscepit Israel puerum suum, * recordatus misericordiæ suæ.
 Sicut locutus est ad patres nostros : * Abraham et semini ejus in sæcula.
 Gloria Patri, etc.

COMPLIES DU DIMANCHE

Converte nos, Deus salutaris noster.
R. Et averte iram tuam a nobis.
V. Deus, in adjutorium meum intende.
R. Domine, ad adjuvandum me festina.
Gloria Patri, etc. Alleluia, ou Laus tibi, Domine, etc.

PSAUME 4

Cum invocarem, exaudivit me Deus justitiæ meæ : * in tribulatione dilatasti mihi.

Miserere mei, * et exaudi orationem meam.

Filii hominum, usquequo gravi corde ? * ut quid diligitis vanitatem , et quæritis mendacium ?

Et scitote quoniam mirificavit Dominus sanctum suum : * Dominus exaudiet me, cum clamavero ad eum.

Irascimini, et nolite peccare ; * quæ dicitis in cordibus vestris, in cubilibus vestris compungimini.

Sacrificate sacrificium justitiæ, et sperate in Domino ; * multi dicunt : Quis ostendit nobis bona ?

Signatum est super nos lumen vultus tui, Domine, * dedisti lætitiam in corde meo.

A fructu frumenti , vini et olei sui, * multiplicati sunt.

In pace in idipsum * dormiam, et requiescam.

Quoniam tu, Domine, singulariter in spe * constituisti me.

Gloria Patri, etc.

PSAUME 30

In te, Domine, speravi, non confundar in æternum : * in justitia tua libera me.

Inclina ad me aurem tuam : * accelera ut eruas me.

Esto mihi in Deum protectorem, et in domum refugii, * ut salvum me facias.

Quoniam fortitudo mea et refugium meum es tu : * et propter nomem tuum deduces me, et enutries me.

Educes me de laqueo hoc quem absconderunt mihi, * quoniam tu es protector meus.

In manus tuas commendo spiritum meum : * redemisti me, Domine Deus veritatis.

Gloria Patri, etc.

PSAUME 90

Qui habitat in adjutorio Altissimi, * in protectione Dei cœli commorabitur.

Dicet Domino : Susceptor meus es tu, et refugium meum : * Deus meus, sperabo in eum ;

Quoniam ipse liberavit me de laqueo venantium, * et a verbo aspero.

Scapulis suis obumbrabit tibi, * et sub pennis ejus sperabis. Scuto circumdabit te veritas ejus ; * non timebis a timore nocturno,

A sagitta volante in die, a negotio perambulante in tenebris : * ab incursu et dæmonio meridiano.

Cadent a latere tuo mille, et decem millia a dextris tuis : * ad te autem non appropinquabit.

Verumtamen oculis tuis con-
siderabis : * et retributionem
peccatorum videbis.

Quoniam tu es, Domine, spes
mea : * Altissimum posuisti refugium tuum.

Non accedet ad te malum, *
et flagellum non appropinquabit tabernaculo tuo.

Quoniam Angelis suis mandavit de te, * ut custodiant te in
omnibus viis tuis.

In manibus portabunt te, *
ne forte offendas ad lapidem
pedem tuum.

Super aspidem et basiliscam
ambulabis, * et conculcabis leo-
nem et draconem.

Quoniam in me speravit,
liberabo eum : * protegam
eum, quoniam cognovit nomen
meum.

Clamabit ad me, et ego exau-
diam eum; * cum ipso sum in
tribulatione, eripiam eum ; et
glorificabo eum.

Longitudine dierum replebo
eum, * et ostendam illi salu-
tare meum.

Gloria Patri, etc.

PSAUME 133

Ecce nunc benedicite Dominum, * omnes servi Domini.

Qui statis in domo Domini, *
in atriis domus Dei nostri

In noctibus extollite manus
vestras in sancta, * et benedicite Dominum.

Benedicat te Dominus ex Sion,
* qui fecit cœlum et terram.

Gloria Patri, etc.

Ant. Miserere mihi, Domine,
et exaudi orationem meam.

HYMNE

Te lucis ante terminum,
Rerum creator, poscimus,
Ut pro tua clementia
Sis præsul et custodia.

Procul recedant somnia.
Et noctium phantasmata,
Hostemque nostrum comprime,

Ne polluantur corpora.
Præsta, Pater piissime,
Patrique compar Unice,
Cum Spiritu Paraclito
Regnans per omne sæculum.
Amen.

CANTIQUE DE SIMÉON

Nunc dimittis servum tuum,
Domine, * secundum verbum
tuum, in pace;

Quia viderunt oculi mei * sa-
lutare tuum,

Quod parasti * ante faciem
omnium populorum,

Lumen ad revelationem gen-

tium, * et gloriam plebis tuæ
Israel.

Gloria Patri, etc.

Ant. Salva nos, Domine, vigi-
lantes; custodi nos dormientes ;
ut vigilemus cum Christo, et re-
quiescamus in pace.

TABLE DES MATIÈRES.

732. — Paris. Impr. H. Carion, r. Bonaparte, 64.

MÊME LIBRAIRIE

Vie intime du curé d'Ars, 2e édition . . . .

Vie très-complète de sainte, par M. J. Darche. 1 beau vol. in-8

OEUVRES DE M. L'ABBÉ RIGAUD

CHANOINE DE MARSEILLE

Nouveau mois du saint enfant Jésus, méditations pratiques et exemples. 1 vol. in-18 broché . . . .

Le Mois des saints Anges, avec des pratiques et des exemples. 1 vol. in-32 50

Nouveau Mois de Mars, ou Mois de saint Joseph, selon St Alphonse de Liguori. In-32 . 60

Nouveau Mois de Marie, d'après la vénérable Marie de Jésus d'Agréda. 1 vol. in-32 . . . 60

Nouveau Mois du Sacré-Cœur, d'après la bienheureuse Marguerite-Marie Alacoque. 1 volume in-32 75

Mois de Septembre, 1 volume in-32 60

Nouveau Mois des Ames du Purgatoire, 1 volume in-18 75

Nouveau Mois d'Août, méditations pratiques et exemples en l'honneur de la sainte Vierge. 1 volume in-32 75

Paris, Imp. H. Carion, 64, rue Bonaparte.

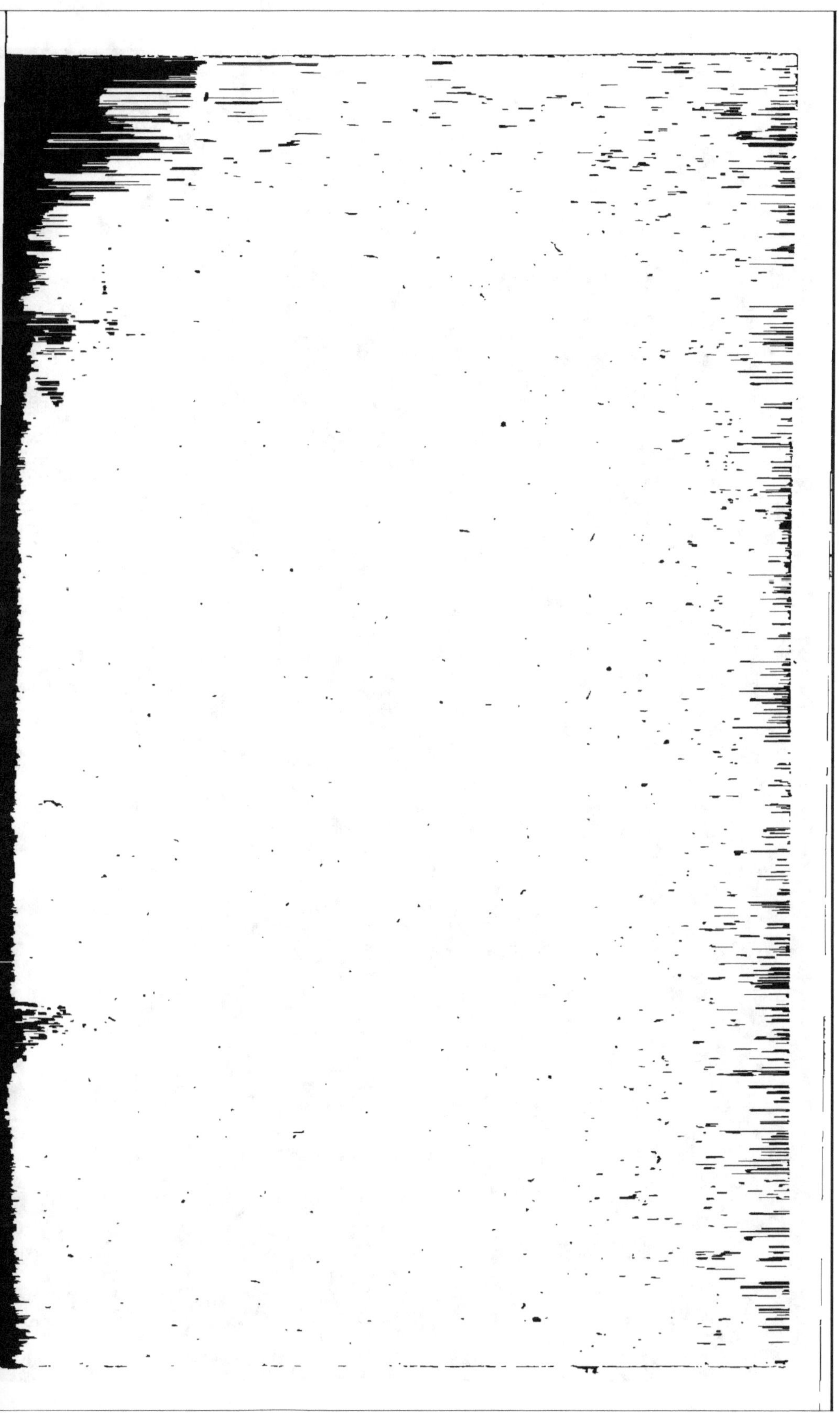

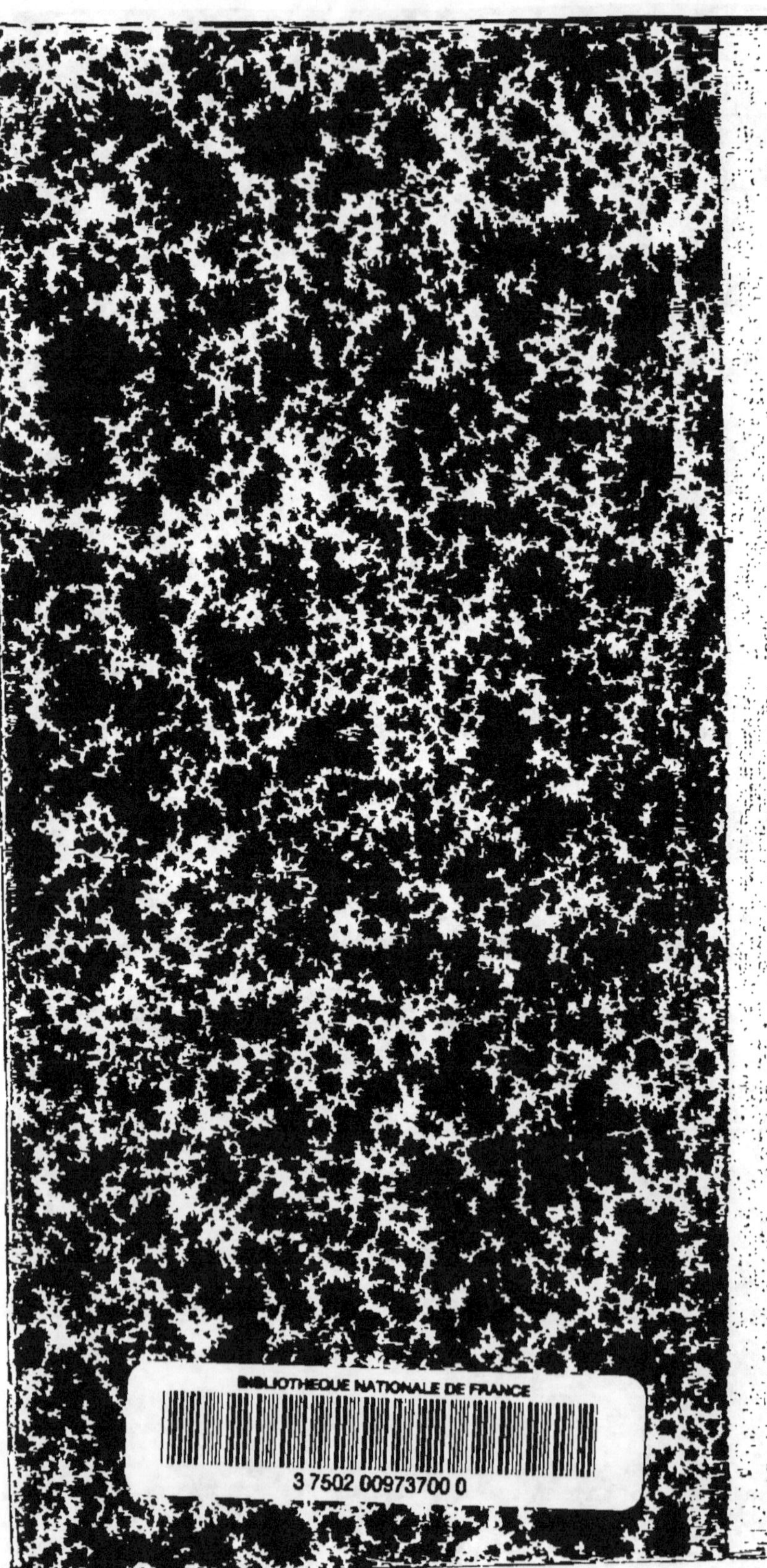

BIBLIOTHEQUE NATIONALE DE FRANCE
3 7502 00973700 0

www.ingramcontent.com/pod-product-compliance
Lightning Source LLC
Chambersburg PA
CBHW051538050726
47595CB00002B/548